U0955978

孟执中院士近照

上图 / 孟执中留苏时的照片

下图 / 1953年10月由武汉大学转入华南工学院的一个小组同学合影

（从左至右，前排：吴江航、李仕昌；后排：马觉愚、张静娴、孟执中）

上图 / 1959年，孟执中在莫斯科红场
下图 / 1960年，孟执中（前排右一）回国前与研究室导师、同事合影

上图 / 1988年，孙家栋（前左）在太原卫星发射中心与孟执中（前右）亲切交谈
下图 / 1992年，任新民（左）和孟执中（右）在讨论问题

上图 / 1991年，孟执中在会上做总结发言

下图 / 2002年，孟执中（左一）在太原卫星发射中心技术区卫星测试现场

上图 / 2003年，孟执中当选中国工程院院士

下图 / 2009年，孟执中（前排左五）出席风云三号 A 星在轨交付仪式

上图 / 孟执中与夫人李珊合影
下图 / 2012年，孟执中与李珊金婚纪念

上图 / 孟执中（左）在家乡南孟故里查找《孟子家谱》

下图 / 孟执中（右三）在浙江诸暨老宅旧址

孟执中院士传记

Academician Meng Zhizhong's Biography

《中国航天院士传记丛书》总编委会 组织编写

陈伟霞 著

中国宇航出版社

·北京·

版权所有　侵权必究

图书在版编目(CIP)数据

孟执中院士传记 / 陈伟霞著 ;《中国航天院士传记丛书》总编委会组织编写.-- 北京 : 中国宇航出版社, 2015.12

(中国航天院士传记丛书)

ISBN 978-7-5159-1068-0

Ⅰ. ①孟… Ⅱ. ①陈… ②中… Ⅲ. ①孟执中—传记 Ⅳ. ①K826.16

中国版本图书馆 CIP 数据核字(2015)第 321387 号

责任编辑　王立莉
责任校对　王　妍　马　喆　　装帧设计　宇星文化

出版发行　中国宇航出版社
社　址　北京市阜成路8号　邮　编　100830
(010)60286808　(010)68768548
网　址　www.caphbook.com
经　销　新华书店
发行部　(010)60286888　(010)68371900
(010)68286887　(010)60286804(传真)
零售店　读者服务部
(010)68371105
承　印　三河市君旺印务有限公司

版　次　2015年12月第1版
2015年12月第1次印刷
规　格　787×960
开　本　1/16
印　张　17.5　彩　插　8面
字　数　250千字
书　号　ISBN 978-7-5159-1068-0
定　价　58.00元

本书如有印装质量问题，可与发行部联系调换

《中国航天院士传记丛书》总编委会名单

编审委员会

主　　任　许达哲　高红卫

副 主 任　雷凡培　曹建国

委　　员　李金生　方向明　袁　洁　李　跃　包为民

编撰委员会

总 主 编　许达哲　高红卫

副总主编　李　跃　包为民

委　　员　（按姓氏笔画排列）

于世元　马礼谦　王亚文　邓宁丰　朱芝松

朱忠元　任玉琨　孙玉斌　李　明　李　锋

陈学钏　张连成　周晓飞　侯　晓　贾　可

梁小虹　谭永华

总编委会办公室

主　　任　周晓飞　朱忠元　邓宁丰

成　　员　（按姓氏笔画排列）

丁雅清　于　宁　于　希　王来成　李卫东

杨利伟　辛大广　张铁钧　范占英　唐　燕

徐　睿　戴品华

《孟执中院士传记》编委会名单

编审委员会

主　任　朱芝松

副主任　代守仑　马　佳　宗文波

委　员　徐洪青　梁浩宇　曹继玉

编撰委员会

主　任　朱芝松

副主任　代守仑　徐洪青

委　员　梁浩宇　曹继玉　尹延凯

编审委员会办公室

主　任　尹延凯

委　员　宋为民　顾永明　蒋　锋　王　卫　周剑雄

陈　沁　马　静　陈伟霞　张慧燕　潘佳音

序　一
Preface I

中国航天事业自 1956 年创建以来，已经走过 50 多年的发展历程。在党中央、国务院、中央军委的亲切关怀和英明领导下，中国航天人团结一心、顽强拼搏、勇于创新、无私奉献，不仅取得了以“两弹一星”、载人航天工程和月球探测工程为代表的辉煌成就，孕育形成了航天传统精神、“两弹一星”精神和载人航天精神，也造就了一支技术精湛、作风优良的航天人才队伍。

航天系统的中国科学院院士和中国工程院院士就是这支队伍的杰出代表。中国航天科技集团公司和中国航天科工集团公司先后有 50 多位科学家和航天工程专家当选为两院院士。其中，有 7 位院士获得过“两弹一星”功勋奖章，2 位院士获得过国家最高科学技术奖。他们不仅是航天成就的主要创造者，也是航天精神的重要孕育者和忠实践行者。

中国航天事业是在新中国成立不久，工业实力、科技实力、综合国力都很薄弱，帝国主义严密封锁，苏联撕毁协定、撤走专家的情况下发展起来的。以航天院士为代表的中国航天人，自力更生，艰苦奋斗，奋发图强，顽强拼搏，在一穷二白的基础上，独立自主地创建起了中国的航天事业。

航天型号研制是复杂的系统工程，涉及很多领域，需要众人参与，必须大力协同、集智攻关才能完成。以航天院士为代表的中国航天人，在航天工程研制实践中，齐心协力，密切配合，实现了一次又一次技术突破，铸造了一项又一项辉煌成就。他们为祖国的航天事业作出了巨大贡献，却淡泊名利，不计得失，将个人利益置之度外。

航天事业属于尖端技术领域，难度大、风险高、技术复杂，在发展历程中碰到过很多难题，经历过各种坎坷，甚至遭受过重大失利。以航天院士为代表的中国航天人，在困难和失败面前不动摇、不退缩，树立百折不挠、锲而不舍、脚踏实地、严谨务实的工作作风，不断攻坚克难、勇攀高峰，取得了一个又一个胜利，树立了一座又一座丰碑。

今天，在由航天大国向航天强国迈进的征程中，航天院士的科学思想、创新意识、坚定信念和爱国情怀是全体航天人宝贵的精神财富。中国航天科技集团公司和中国航天科工集团公司决定出版《中国航天院士传记丛书》，不仅是为了宣传航天院士的科研成就，总结航天院士的成长规律，更是为了传承航天院士的宝贵精神，使之生生不息、薪火相传，为“续航天梦、筑强军梦、圆中国梦”的伟大实践提供精神动力和思想源泉。

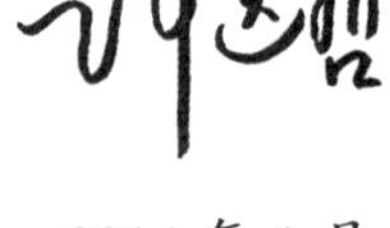

2014 年 1 月

序 二
Preface Ⅱ

中国航天事业创建半个多世纪以来，培养和塑造了一大批功勋卓著、德高望重的中国科学院院士和中国工程院院士。他们具有坚定的理想信念和强烈的爱国情怀，理论功底深厚，技术水平高超，善于引领科学发展和技术创新，在中国航天事业发展的关键时期发挥了重要作用，为中国航天事业取得辉煌成就、孕育航天精神作出了突出贡献。

为了全面、系统地总结航天院士的成长规律，把航天院士的科学思想和创新方法记录下来、传承下去，为中国航天事业积累精神财富，为航天强国建设提供有益借鉴，中国航天科技集团公司和中国航天科工集团公司研究决定，组织编写一套《中国航天院士传记丛书》（以下简称《丛书》）。

党的十八大描绘了坚持中国特色社会主义道路、全面建成小康社会、实现中华民族伟大复兴的宏伟蓝图，同时也为加强国防和军队现代化建设、推进我国由航天大国向航天强国迈进指明了方向。在中国航天事业“续航天梦、筑强军梦、圆中国梦”的新形势下，出版这套《丛书》，具有重大的现实意义和深远的历史意义。

记载航天历史。航天院士是中国航天事业的宝贵财富，他们的成长历程反映了航天事业的发展轨迹。这套《丛书》不仅是航天院士个人的传记，也从不同侧面记载了中国航天从技术到管理、从思想到精神的真实历史。

弘扬航天文化。宣传航天院士，就是站在科学的高度，向社会各界全面宣传航天事业，弘扬航天文化，使其成为中华民族文化宝库的重要组成部分，增强中华民族的自信心、自豪感和凝聚力，提升国家的软实力。

传承航天精神。航天精神是包括航天院士在内的几代航天人，在中国航天事业发展历程中，不断积累、提炼、传承而逐渐形成的，是民族精神、时代精神与航天实践相结合的产物，是中国航天事业之魂。《丛书》全面反映了航天院士的学术成就、科学作风和思想品格，有助于航天精神薪火相传。

培育航天人才。中国航天事业已经完成了新老交替，一代航天新人正在茁壮成长。《丛书》是泽被后世的人才工程，对于培育航天人才、发展航天事业、铸造新的辉煌将产生积极的促进作用。

总之，《丛书》是一套具有航天特色的爱国主义教材，是不可多得的精神食粮。相信这套《丛书》的出版发行，必将吸引更多的年轻人热爱航天、投身航天、奉献航天，以饱满的热情和昂扬的斗志再攀高峰，使中国航天事业后继有人，蓬勃发展，续写辉煌。

2014 年 1 月

目　录

Contents

孟执中

孟执中院士传记

Academician Meng Zhizhong's Biography

第一章

南孟故里

孟执中祖上世代“耕读传家”。到了祖父这一辈，才开始与邻近的几个大城市有商业上的往来，主要是经营桑蚕丝棉等。但“耕读传家”一直影响着孟子后裔。

2008年11月，孟执中首次参加“浙江籍院士故乡行”活动，从浦阳江到十二都，从孟子庙到西施殿，家乡的美景让这个几十年未归的远方游子心动不已。孟执中离开这片土地已经很久了，但多少年来，故乡却一直让他魂牵梦萦，离他的心很近很近……

1. 认祖归宗

2013年2月24日，正值元宵佳节，孟执中出席了浙江省诸暨市应店街镇

孟氏族人举行庆祝典礼

孟执中（左）在家乡南孟故里查找《孟子家谱》

十二都村举办的暨阳孟氏宗族续谱、修谱圆满完成的盛大庆典。

孟执中激动地说：“孟氏宗族续谱、修谱和圆谱是家乡孟氏族人的大事和喜事，在诸暨市各级领导的支持和指导下，经广大族人的密切配合和暨阳孟氏宗谱委员会全体职工艰辛而卓有成效的努力，圆满完成了真实反映出近百年来诸暨地区孟子后裔南支的繁衍、生息和变迁的族人谱系的续本，这是一件具有历史意义的大事，对全体族人而言是一件大喜事。在老的谱系中，从我父亲算起，只有 3 人。新增族谱中，从我父亲算起，增加到 24 人，为此我感到非常的高兴和自豪。今天的庆典，从某种意义上讲，也是我认祖归宗的仪式。”

2. 孟子后裔

1934 年 12 月 16 日，孟执中出生在杭州，祖籍浙江省诸暨市应店街镇十二都村（后改为十二都镇）。诸暨是孟子后裔南支分布最密集的地方，现还留有宋高宗御书“仁寿堂”匾额的孟氏宗祠、柏楼等文化遗迹。孟子后裔的宗谱续修非常完整，已经到了孟子第 81 代孙，孟执中的父亲孟瞻棠为孟子第 74 代孙。

不少人都知道山东邹城作为“孟子故里”，素有“孔孟桑梓之邦，文化发祥之地”的美誉。而浙江省诸暨市的“南孟故里”却仍处在“深闺”之中，鲜为人知，若空谷幽兰。

南孟最早形成起始于南宋初。据暨阳《孟氏宗谱》记载，当时金兵南侵，

2012年，孟执中在家乡南孟故里

2012年，孟执中在浙江诸暨五泄

孟执中（左）与作者（右）在家乡南孟故里合影

孟执中（右三）等在浙江诸暨老宅旧址

孟皇后在危难之际挺身而出，册立赵构建南宋。宋信安郡王孟忠厚（孟子第47代孙）护帝南迁，为迁越始祖。孟忠厚有七个儿子，其中三子孟载，又名德载，史称“太尉公”，于1147年定居浙江诸暨十二都。目前，诸暨是孟忠厚的后裔分布最密集的地方，有近二万人，仅十二都镇就有五千余人。

此外，孟子第52代孙孟世醴于南宋淳熙元年（1174年）随宋室南迁，形成“南孟”别支。明清两代，浙江省督学对诸暨孟子后裔南支优待有加，考试一律免试，世为承袭，与山东兖府孟子后裔待遇相同。由此可见，孟子后裔同孔子后裔一样，也分南北两支。

宋乾道庚寅年（1170年），奉宋孝宗御旨，诸暨县令沈令纹主持，在夫概里初建“孟子庙”。自此之后，南孟文化发展盛况空前，文官下轿、武官下马，达官显贵、文人墨客，本省外省都来瞻拜圣贤，留下了许多宝贵的诗词歌赋。

3. 耕读传家

“南孟人”致力于儒家文化的发展，崇尚孟子思想，提倡“穷则独善其身，达则兼济天下”。南孟故里的百万诸暨儿女以“耕读传家”为训，在诸山暨水间，谱写新的诗篇。

“江山代有人才出，各领风骚数百年。”在浓郁的传统文化的熏陶下，诸暨名人荟萃，英才迭出。古代有南宋抗击蒙古将领吉国公孟珙、兵部侍郎孟淳、理学家孟猷和孟导、明清戏曲家孟称舜、明女诗人孟淑卿和孟蕴，近代有历史学家孟森、教育家孟宪承、科学家孟宪民和孟少农，现代有赵忠尧、金善宝、斯行健、何增禄、毛汉礼、吴中伦、陈兼善、冯绥安等科技精英蜚声中外。

在诸暨市中心广场上，矗立着五位诸暨籍院士的雕像，其中就有赵忠尧院士的雕像。赵忠尧是中国核事业先驱之一，著名的核物理和高能物理学家，他从事的“硬 γ 射线与物质相互作用”等研究为我国核物理事业的发展作出了重要贡献。这些科学家代表着南孟故里的一种人文精神，也时时熏陶着孟执中。

孟执中祖上世代“耕读传家”。到了祖父这一辈，才开始与邻近的几个大城市上海、杭州、宁波有商业上的往来，主要是经营桑蚕丝棉等。由于孟执中祖上家道相对比较殷实，家里还雇有长工。主人和

孟执中（右）与儿时的伙伴孟正江（左）合影

长工虽为主仆，但孟执中的祖辈待长工非常和善，相处得如同一家人，一起生活得很愉快。

2012年，孟执中回老家时，长工的儿子孟正江还专程前往去看望他。见面时，他紧紧地握着孟执中的手，感谢孟执中祖上对他父亲的关照。特别是孟执中的祖母对他亲如自己的孙子，鼓励他将来好好读书，有出息，为父母争光。孟正江后来成为了著名画家，是中国美术家协会终生常务副主席。

孟执中的祖父后来得了一种“黄胖病”（类似现在的肝腹水），在孟执中父亲九岁时就病逝了，家庭全靠祖母支撑。祖母马氏非常能干，娘家也有些实力，伯父也很努力。父亲孟瞻棠在祖母和伯父的关爱下，读完在杭州开办的一家私立医学院，完成了大学学业。毕业后，孟执中父亲做过一段时间的实习医生。

孟执中

孟执中院士传记

Academician Meng Zhizhong's Biography

第二章

动荡的童年

孟执中童年的大部分时光都是在逃难的艰辛中度过的。为了逃避日本侵略者的铁蹄，孟家举家外逃避难，前后三年多的时间，过着背井离乡的生活。

1937年抗日战争爆发后，日本军队两次紧逼孟执中家乡杭州、绍兴和诸暨等地。孟家举家外逃避难，从杭州出发，先去金华衢州，再到福建泉州，然后转向江西，到了湖南长沙、衡阳，之后又从衡阳到广西柳州，再到贵州贵阳，前后三年多的时间，过着背井离乡的生活。这时的孟执中才六岁，虽没有太多的记忆，但还是能清晰地记得，一家人拖儿带女，小孩哭泣，大人喊叫，抢着爬上火车，挤上渡船。

1. 一条毛毯遮全家

孟执中三岁之前，一家人居住在杭州，只有逢年过节或闲暇时去诸暨老家暂住几天。他们兄弟姐妹八人，大哥、大姐是已故大娘章氏所生，后面六个孩子是母亲毛镜觉所生。

毛镜觉出生在资本家家庭，是一个宁波商人的女儿。她的一个大哥是实业家，在宁波、上海、杭州都有产业。母亲在家排行老三，下面还有一个弟弟和一个妹妹。母亲在小学念过书，知书达理，她酷爱看书，历史、文学方面的书看得特别多。后来在武汉的时候，母亲常在小书摊上借书回来看。母亲还有一

孟执中一岁时与三姐合影

个爱好就是看戏，尤其喜欢看越剧，不管条件多困难，只要有越剧演出，她都要想办法去看戏，看完了就讲给孩子们听。在孟执中儿时的记忆里，母亲好像总有说不完的故事，那时他最爱听母亲讲岳飞精忠报国和孟母三迁的故事。父亲平时沉默寡言，但对工作非常投入。因平时工作很忙，在家时间很少，他与孩子们基本上没什么交流。

孟执中童年的大部分时光都是在逃难的艰辛中度过的。1940 年，孟执中一家到达贵阳，在那里住了一年多。虽然离日军驻地还有一段距离，但是几乎每天都能在贵阳的上空看到日本人的飞机。孟执中小时候害怕听到拉警报的声音，只要警报声一响，他就会拉着弟弟妹妹，跟着母亲往后山上跑。有时一天当中，警报声会响好多次。往往是一家人正在吃午饭时，警报声就响了，全家老小顾不得再吃饭，不得不匆忙扔下碗筷往后山跑。还没有跑到半山腰，日本飞机就来了，一家人只好躲进附近山洞或躲在能隐蔽遮挡的土堆间。

日本飞机在天空中盘旋时，专找有人的地方，一旦发现目标，飞机就会俯冲下来投炸弹，或者用机枪扫射。由于飞机离地面很近，俯在地上的避难者不仅能看清楚飞机上两面太阳旗，甚至能看见飞机上的驾驶员。可是地面上的中国人只能躲起来偷偷地看，眼睁睁地看着日本飞机扔下的炸弹炸死炸伤许多同胞，炸毁许多房屋，然后扬长而去。有时警报声刚过，避难的人群还未走出山间小路，警报声又起，他们只好再次逃回隐蔽的地方，这样来回折腾，最多的一天有好几次。

最为惊险的一次，警报声解除后，在孟执中与家人下山回家的途中，突然又响起了警报声，一家人急忙回头再去防空洞时，日本飞机已经飞到了他们的上空。一家人只能临时在附近的山岙处躲起来，用一条棕色的毯子盖在身上。不幸的是，由于毯子不够大，头露在外面，这种简单的掩蔽虽然躲过了最初日本飞机的侦察，但日本飞机低空盘旋时还是发现了他们，于是疯狂地投下了炸弹。万幸的是，炸弹只是落在山顶上，未炸中他们躲避的地方，炸弹爆炸掀起的碎石从孟执中一家人身上盖的毛毯上滚下去，全家人算是躲过了一次九死一生的灾难。

那时中国大部分地区都处在日寇的铁蹄践踏之下，日军飞机在贵阳等地肆意轰炸，孟执中是在日本飞机的轰炸声中慢慢长大的。七岁那年，孟执中随母亲逃难来到鄂西一个小县城定居下来，才过上相对平静的生活。

2．“咪咪”，你还记得我吗？

抗战爆发后，孟执中的父亲作为军医，随国民党军队南下，一打仗父亲就随部队跑，家属在军队撤离之前，先逃难到后方城市。由于日本兵在大部分地区长驱直入，因此逃难的孟家在每个地方都待不了太久。

从杭州出发逃难的时候，与孟执中一家同行的有孟执中的奶妈李照莲和同乡的顾家三兄弟。孟执中的奶妈因为战事紧急，来不及回自己老家，就跟孟执中一家一起逃难。

在福建泉州的时候，孟执中的小舅舅和房东的女儿认识并相恋了，不久就结婚了。小舅妈个子不高不矮，大大的眼睛，细嫩的皮肤，很漂亮，也很和善。小舅舅因随孟执中的父亲在部队上当军医，所以跟着部队走。解放战争时期，小舅舅所在的部队和平起义，小舅舅参加了解放军。转业后，他在哈尔滨钢铁厂做厂医，直到去世。

孟执中与奶妈、小舅妈很亲，一直把他们当成生活中的“妈妈”。最初孟执中是由奶妈照顾的，但是孟执中的弟弟出生以后，奶妈就帮着去带弟弟了，孟执中就由小舅妈一人照顾。小舅妈心肠特别好，善良又贤惠，由于小舅舅经常不在家，所以她与小舅舅相处的时间并不多，大部分时间都在家帮着孟执中的母亲打理家务。小舅妈和孟执中一家一起生活，一起逃难，孟执中小时候的生活起居一直都是小舅妈照顾的。

小舅妈对孟执中的照顾是无微不至的。小时候，孟执中比较胆小，小舅妈特别袒护他，经常陪着他睡觉。当孟执中感到害怕时，她就把小执中拉进自己的被窝共被而眠，疼爱有加。平时吃饭时，小舅妈也常给他夹菜。记得有一次孟执中被当地的小朋友欺负了，小舅妈心疼得掉下了眼泪。小朋友都说：“这是你舅妈吗？分明就是你妈妈呀！”从那以后，孟执中在心里便把小舅妈看成了自己的母亲。

小舅妈和孟执中一家一起逃难，一大家子又从福建往江西逃，最后逃到贵阳。逃到贵阳后，为生活所迫，小舅妈在贵阳医院找了一份当护士的工作。1941 年，孟执中的父亲奉命调离军队的医务工作，到鄂西建始县的战区后方医院（收容和诊治前线下来的伤兵，代号 156 医院）当院长，随后全家就转移到了建始县。孟执中一家离开贵阳的时候，小舅妈上了送孟执中一家的车后，瞒着孟执中又悄悄地下了车。小舅妈没离开贵阳，她留在了医院当护士。

孟执中离开了贵阳，不能与小舅妈朝夕相处了，但每当孟执中快乐或悲伤时，就会想起小舅妈，很想悄悄地对小舅妈说说心里话。小舅妈也时时挂念着孟执中，后来还寄来了她的照片，照片后面写着："咪咪（孟执中的乳名），你还记得我吗？"

因为战争，小舅妈和小舅舅天各一方。解放后，孟执中一家与小舅妈失去了联系。孟执中曾托人去贵阳找小舅妈，也没找到。孟执中非常想念她，至今还保留着小舅妈的照片。在孟执中的心中，小舅妈是一个有爱心、有志向的中国女性，不论遇到多大的困难，她始终热爱工作、热爱生活。这种人生态度一直影响着孟执中。

3. 人不能光为自己活着

在鄂西建始县，因远离战区，孟家的生活得到了相对的稳定。奶妈因和老家多年无联系，也不知道何年何月能再团聚，就再婚了，嫁给了医院医务长的堂弟裘友甫，婚后不久还生下了一个女儿。他们与孟执中一家之后又从建始跑到了汉口，没有分开，所以，后来孟执中家很多生活方面的事情都依靠奶妈，没请其他人。奶妈夫妻帮着孟执中的母亲操持家务，孟执中的母亲在生活上也很关照奶妈夫妻。这样，由于长时间的相处和相助，他们这两家就成了一家人。直到现在，孟、裘两家的后代都以兄弟姐妹相称，一直有着亲密的联系和交往。

当时住在孟执中家里的还有另外两个孩子，一个是孟执中大姨妈的儿子，还有一个是孟执中舅舅的孩子。母亲总是督促孩子们学习，给孩子们灌输要为国效力的思想。她经常给孩子们讲历史故事，告诫孩子们人为什么活着、应该怎样活着，人不能光为自己活着。这给少年孟执中留下了深刻的记忆，孟执中喜欢看历史小说，主要也是受了母亲的影响。

孟执中

孟执中院士传记

Academician Meng Zhizhong's Biography

第三章

求学之路

孟执中感到，一个人活着，总要对国家、社会和人民有所贡献，有所作为，那么到生命终止时，才不会遗憾。要抓紧生命中的美好时光，努力学习，努力工作。

鄂西的建始，对战火密集的中国来说，是一个相对比较安全和平静的地方，那里居住着许多少数民族，四面大山环绕。从东往西的长江水路，要经过三峡的西陵峡和巫峡，到巴东转建始，长江水急浪涌，日本人一时不容易攻进。孟执中一家在那里一住就是四年多，没有再遭受日军的轰炸和战争的硝烟。那时外边的消息也很闭塞，只有通过源源不断从前线下来的伤兵，才知道战事仍然在残酷地继续着。

1.辗转求学

从贵阳迁移到建始，孟执中一家虽然不用在警报声中搬家，不用去挤火车、抢轮船了，但日子过得也非常艰难。为了搬家，孟家雇了一辆敞篷汽车。那时的汽车不烧汽油，燃料是木炭和劣质煤，每次启动要有人在车上摇炉吹风，等火燃烧起来，加热的水蒸气达到一定温度和压力后，汽车才能发动起来。

正常情况下，车上坡时，人就要下来步行，有时还需要人来推。如果遇到汽车抛锚，那只好停下来慢慢修。贵阳到处是山，车在山上抛锚了，需要换轮胎，只能下山去请人来换，而且还要取下车上的东西。修一次，往往需要两三天时间。

有时汽车上水少了，只好拿着水桶下山取水，一个来回也要半天或者一天，更不用说家人的吃饭喝水了，经常断顿。如果在半山坡停车，还要防备东西被盗。走一段路，要停一段或等一段，从贵阳到建始，不过几百公里路，可他们足足走了一个月才到。

建始是个少数民族地区，以农业为主，民风淳朴。孟执中一家到建始后，借住在余家坝的何家大屋内。何家大屋相当于庄园，三进深，住着当地有钱的大户人家。他们把最里面的几间房子腾出来租给孟执中一家。

当地吃的东西自给自足，农民们在自己或租赁的土地上种水稻、种蔬菜，自己养猪。孟执中家吃的蔬菜大多是由奶妈的丈夫在自家门口种的，他还在半山腰开垦梯田，种些土豆和红薯。有时他会带着孟执中到地里玩耍，慢慢地孟执中也会干些种菜的活了。

那时孟执中还与弟弟一起养了两只羊，经常和弟弟赶着羊走在山坡上，兄弟俩有时你追我跑地玩耍，有时坐在草堆上讲着悄悄话。孟执中感到这是他童年中最快乐的时光。

在贵阳那一年，孟执中六岁了，父母把他送进了当地的学校读一年级。但是，由于日本人经常空袭，实际上没有上几天课。

到建始后，孟执中进了县城唯一的一所公办小学——中心小学。中心小学的学生绝大部分都是从外地逃难或者从其他地方搬迁过来的政府机关人员和军人的子弟，连老师也是外地人。当地农民的孩子上学的很少，没钱人家的孩子在家帮大人做事，有钱人家孩子都上私塾，很少去公办小学念书。

小学里除了教文化课以外，一个很重要的内容就是进行爱国主义教育。这里的孩子大多数因日本人侵占中国领土而受到迫害，背井离乡、流离失所，所以对日本侵略者有着深仇大恨，老师的爱国主义教育很容易扎根在心里。除了在课堂上讲，爱国主义教育在课外也同样以各种形式进行着，如唱抗日歌、演抗日小品等等。孟执中心中在那时就树立了好好学习、掌握本领，长大后为祖国强盛出一份力的愿望。

在那里，生活算是比较平静的，不过偶尔也会看到一些比较凄惨的情景。那时保甲长还时常来抓壮丁。孟执中居住的地方有一对刚结婚的新人，知道要抓壮丁，就躲起来了。但后来保甲长还是知道了，就用绳子把新郎捆绑起来。最后新娘奋力把保甲长推倒在地，新郎赶紧往山上逃跑，才躲过一劫。

2. 绣“抗战救国”手帕送别远征军

1937年抗战全面爆发后，日本侵略者迅速占领了中国北方的京津地区，以及南京、上海、汉口、广州等华东、华中和华南地区。中国主要的大城市，95%的工业，50%的人口，中国沿海几乎所有的港口，都先后落入日本人的手中。日本占领了中国沿海重要城市和港口，不仅摧毁了中国本来就十分薄弱的国防工业，还堵死了国际上援助中国的海上通道，给全面抗战带来了相当大的困难。

当时，旅居在海外的华侨得知祖国遭遇日本侵略后，纷纷捐款捐物，筹集了大批国内急需的药品、棉纱、汽车等物资；同时迫于当时抗日救亡的严峻形势，国民政府还拿出了极为珍贵的外汇从西方购买了大量的汽车、石油、军火等，但这些物资很难运到国内。

1941 年 12 月 23 日，中国和英国在重庆签署《中英共同防御滇缅路协定》，中英军事同盟形成。中国为支援英军在缅甸（时为英属地）抗击日本法西斯，保卫中国西南大后方，保卫中国唯一的对外联系通道——滇缅公路，组建了中国远征军。

1944 年，建始一所师范学校的学生和中心小学的年轻教师大部分都踊跃报名，参加青年远征军。那时政府鼓励年轻人要爱国、保卫家园，国内大批青年学生，弃我昔时笔，着我战时衿，高呼要为中国而战，为中国的每一个同胞而战，走上大街进行演讲。孟执中被大哥哥们的壮举所感动，和学校的同学一起，各自在自己的手帕上绣了“抗战救国”四个大字，送给应征的青年学长们。虽然刺绣对从未动过针线的十来岁的儿童来说是很困难的，但却无法阻挡学弟们表达自己的爱国热情。

1942 年到 1944 年，中国政府先后两次派出远征军进入缅甸与日寇作战。国内大批青年学生被空运到遥远的缅甸，在陌生的野人山、密支那、八莫等山地丛林中，十万中国远征士兵与美英盟军一起浴血奋战，在境外战场痛击日军。

从 1937 年 7 月 7 日日寇向卢沟桥中国军队进攻，到 1945 年 8 月 15 日日本无条件投降，中华民族抵御了武装到牙齿的百万日军。而滇缅公路这一支撑中国抗日战场全部战略物资以及大后方经济供应的运输大通道，则给中华民族抗战取得最终胜利提供了有力保障。

此次战争是甲午战争以来中国军队首次出国作战，中国远征军浴血奋战，立下了赫赫战功。从中国军队入缅算起，中缅印大战历时 3 年零 3 个月，中国投入兵力总计 40 万人，付出近 20 万人的伤亡代价后，全歼在缅甸的日军。

3. 要回老家啦

1945 年 8 月的一天下午，建始县城突然到处响起爆竹声，一打听，说是日本投降了。满城的人都高兴得不得了，外地来的人，都兴奋地议论着这下可以回家了。

孟执中一家高兴了好多天，同时抓紧时间筹备起如何回老家。他们到处活动，买车票船票。因为当时车票很难买到，孟执中一家就从何家大屋搬到临时租的沿公路的房子里，这样在公路旁遇见车子的机会多一些，只要凑齐一家大小的车票，就可以回老家了。

为筹集部分盘缠，孟执中的奶妈和她的丈夫（也是浙江绍兴同乡）还把在建始何家大屋居住时用的家具、衣服和生活用品，放在大街旁，摆地摊低价出售。母亲则将自己的首饰，一些书刊和文具放在家门口，等着有人上门来看。看中的人说个价钱，母亲也不还价，就成交了。

在抗战胜利的前一年，孟执中的父亲生了一场大病，在医院治疗了一段时间，又在家里休养了半年多，所以后方医院的院长职务就被免去了。抗战胜利后，孟执中的父亲先行到达武汉，又回了一次老家。回到老家一看，老家已被战火摧残得满目疮痍，孟执中家在诸暨的房子也被日本人烧了。乡亲们告诉他，抗战爆发三四年的光景，孟执中的祖母和伯父就相继谢世了。祖母和伯父的墓地就在诸暨十二都九龙山脉的抢珠上，墓碑上刻着“1940 年立”，上面还写有孟执中的名字。

因为母亲和大哥都去世了，孟执中的父亲考虑若再千里迢迢携家带口回老家，只能加重自己的痛苦，于是决定一家人留在武汉。那年年底，妈妈带着孩子们经过长途跋涉，从建始坐汽车到长江上游的巴东，在巴东等重庆来的轮船。急着回乡的人很多，船票很难买到。孟执中一家好不容易买到去汉口的船票，但是不知道轮船什么时候能到巴东，能否在巴东挤上船也是一个未知数。

巴东是个县城，在巫峡段的南侧。孟执中一家为了避免错过上船的机会，就借住在长江岸边船民搭建的一个临时棚中，一等就是一个月。当时正是初冬，两岁的妹妹发起高烧，还要请城里的医生来看病。这段生活与当年逃难的境遇没有什么两样。好不容易等到了去汉口的轮船，妈妈赶紧租了一条小船，载着全家人和行李，找到停在江心的轮船舷梯，然后被船员拖着、拉着上了甲板。

从巴东到汉口并不太远，但水道不太好走。一路上，船搁浅了好几次，过了宜昌以后，还要绕开长江中日本兵埋下的水雷，所以一个星期才到汉口。

到了汉口后，父亲先在那里租了一套以前是洋行旧址的房子，一家人才安顿下来。由于军政机构缩编减员，父亲选择了退役。1946 年年底，孟执中的父亲正式办理退役手续，领了一笔退役费。之后，在汉口桥口区汉正街开设了一家诊所，取名“仁泽诊所”。

诊所规模不大，有两名医生，两名护士，其中一名是当时房东的女儿。父亲在医学院读书时，学的是小儿科，虽然长期未诊断儿科病人，但是儿科医疗方面的基础还是比较好的。在诊所行医期间，他治好了几名多年不愈的聋哑儿童，在当地有些名气，来就医的病人比较多，家庭的经济状况也因此比较宽裕和安定。解放后由于很缺医生，1951 年，父亲被湖南长沙有色冶金研究所聘为所医，之后就在那里一直工作到退休。

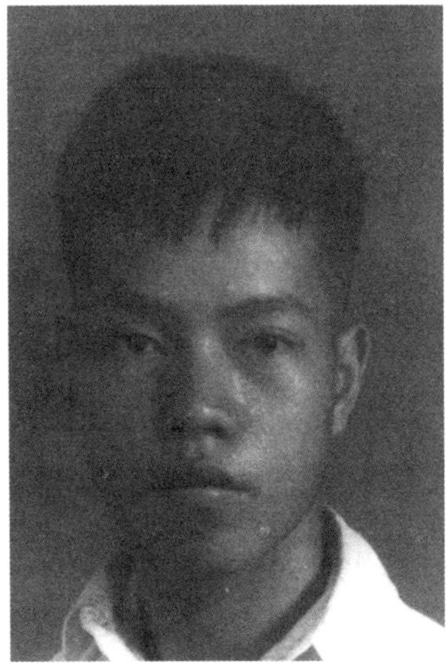

1951年，孟执中在汉口上中学时留影

孟执中从建始中心小学开了一张证明，证明他在那里读到小学五年级，到汉口后就可以直接读六年级了。新学校叫汉口第八小学。孟执中去念小学六年级，两个学校的课程都接不上。不过，孟执中念了不到一年，就小学毕业了。1946年夏天，孟执中考入私立建华中学。

1948年开始，物价飞涨，法币改金元券后，几小时金元券就大幅贬值，有时一麻袋金元券买不了一袋米。有一次孟执中要交学费，那时学校已不收法币、金元券，只收银圆（俗称“袁大头”），家里只能想方设法地去换，30银圆真是一笔不小的数目。孟执中知道父母供养他们几个孩子上学很不容易，所以读书比较用功，也很自觉。除了上学读书，就在家阅读其他书籍，偶尔看看连环画，对外界的事物几乎不闻不问。

4. 崭新的时代

1949年5月，武汉解放了，这一年孟执中刚好初中毕业。这时，孟执中思想逐渐活跃，一改初中时对政治、对社会不闻不问的状态，受学校进步学生的影响，开始积极参加学生中的社会活动。

在新学年开始时，孟执中考取了湖北省立武昌中学。由于家和学校隔江相望，所以他只能在校住读。

新的学校位于武昌洪山脚下，旁边就是在江汉铁路大罢工“二七惨案”中就义的施洋烈士之墓。在学校，除数理化等理科的内容和以前的教学差不多之外，文科的内容有根本性的改变，特别是增加了新民主主义教育等政治课的内容，使孟执中这批年轻的学生感到耳目一新。原本不问社会问题、不关心政治的年轻人也开始热烈参加学习和讨论。学校内和校际间的活动也很活跃，学校经常请一些英模给学生们做报告，解放战争中女扮男装的英雄郭俊卿还给学生们做解放战争时期花木兰式女英雄的报告，学生们深受感动。这些都促使孟执中在政治上快速成长。

初中时，孟执中学习成绩中等，比较贪玩儿，玩儿够了就捧着小说看。但在武昌中学一年的学习中，因住读在校，他学习自觉性大增，除了参加一些活动外，其他时间都用来专心读书。一年过后，孟执中学习成绩由中等水平跃升为优等。

第二年，孟执中以优异的成绩考上了汉口市立第一男子中学。那时汉口的公立中学只有四所，两所男子中学，两所女子中学，其他都是私立的。第一男子中学是汉口最著名且历史最悠久的中学，也是各中学当中的社会活动排头兵。这里是青年团市委工作的重点区域，团市委副书记陈先（后来是中国国家乒乓球队的队长，曾多次率队员庄则栋等参加国际乒乓球锦标赛，多次获得冠军）和团市委委员们经常来校指导，所以第一男子中学很难考上。

但那时农村搞土改，清算当地土豪劣绅，学校里的历史、地理老师多半是附近乡县在旧社会有地位的，被本地的政府和群众抓回原地受审或批斗。这些课的老师没了，孟执中就只能自己学。看完教科书后，他还结合自己从历史小说中得到的历史资料给同学们讲，几乎成了班里历史课的临时老师。

在学校里除正常上课学文化知识外，还有许多社会活动。孟执中入学不久，便参加了新民主主义青年团，还当了两年的班长。高中二、三年级的四个假期，孟执中都积极参加汉口和学校青年团组织的郊区土地改革宣传队活动，和贫苦农民同吃同住。他还参与了抗美援朝宣传队和志愿军英模回国报告团的活动。

1950年，全国号召知识青年参军、参干，很多有志青年报名参军。孟执中因左眼弱视，视力不达标未被录取。孟执中的弟弟孟建中被录取进了南京工兵学校，两年后毕业加入工程兵队伍奔赴朝鲜战场，成为了一名光荣的志愿军战士。

在“三反五反”运动中，孟执中当了工作队和机关领导的联络员，联络南洋兄弟烟草公司，旁听厂内的活动进展情况，及时向工作队领导汇报。参加这些活动扩大了孟执中的政治视野，对启发和逐步建立他的共产主义世界观和人生观起到了很好的作用。

在这期间，孟执中还看了以苏联、东欧和中国革命年代的文学作品为主的许多有关改造思想和人生的书籍，比如高尔基的许多名著，以及《钢铁是怎样炼成的》《卓娅与舒拉》《古丽娅的道路》《绞刑架下的报告》等等，有的甚至反复看了多遍，对革命理论和实践有了一些初步的了解。其中《钢铁是怎样炼成的》中的主人公保尔·柯察金对孟执中人生观的建立产生了较大的影响，书中保尔的一段名言也成为孟执中以后人生的座右铭。“人最宝贵的是生命，生命对人来说只有一次，因此，人的一生应当这样度过：当他回首往事时，不因虚度年华而悔恨，也不因碌碌无为而羞耻；这样在他临死的时候，他就能够说：‘我已经把我的整个生命和全部精力，都献给了这个世界上最壮丽的事业——为了人类的解放而斗争。’”

孟执中感到，一个人活着，总要对国家、社会和人民有所贡献，有所作为，那么到生命终止时，才不会遗憾。所以要抓紧生命中的美好时光，努力学习、努力工作。

5. 立下了志愿：学工科

1952 年武汉高中毕业的学生少，为适应全面建设新民主主义新中国的需要，教育部门从高校抽调了一批年轻教师，给可以培养进入高校或初步具备入学条件的人补课，其中有南下的工农兵学员和部分有中等教育经历的干部。

孟执中有幸被选中，承担了三个月辅导员的工作。工农兵学员在三个月内补习完成了整个中学的课程，这些人的学习精神，给孟执中留下了深刻的印象。特别是工农兵学员学习的热情、刻苦钻研的精神，一直让孟执中很感动。

孟执中与被辅导的学员一起参加大学入学考试。当时，家里希望他学医，但孟执中已立下了自己一生的志愿：学工科！他对父母说：“我在上中学时，学习地理，看到侵略中国的日本，在地图上就像一条小蚕虫，而中国却像一片硕大的桑叶。为什么、凭什么欺负我们？因为日本的工业和科学技术比中国强，所以小虫才会蚕食桑叶。我要学工科，使我们的国家早日强盛起来。”父母听了他一番激动的话语，只能同意儿子的志愿。为了达到目标，孟执中愈发努力学习，终于成功考入了在华中地区最负盛名的武汉大学。

孟执中

孟执中院士传记

Academician Meng Zhizhong's Biography

第四章

大学生涯

考上大学后，孟执中的思想觉悟提高很快，到华南工学院的第二年，他向党组织递交了入党申请书，并成为该年级学生中唯一新入党的党员。

武汉大学坐落在珞珈山上，风景秀丽。每年春季，学校内外满山坡盛开着樱花，让人流连忘返，在国内乃至全球大学校区中都是闻名遐迩的。孟执中尽管在武汉大学只学了一年，但在那里将基础课学得非常扎实。孟执中后来到华南工学院电讯专业学习，虽然学工科，但主要学习参考的书都是理科用的书。这两所学校对基础知识都很重视。

1. 进入武汉大学

1952年秋，新学年开始了，孟执中梦想成真，如愿地进入了武汉大学，成为工学院电机系电讯专业的一名新生，并住进了依山建造的中国传统建筑楼寅字斋。

最令孟执中兴奋的是武汉大学的教学水准很高，也是有革命传统的高等学府，解放前展开了多次学生运动。唯一遗憾的是孟执中的英语学习中断了。武汉大学许多课程原来是用英语教的，但从孟执中入学那年，开始改用俄语了。而在国际上，英语还是用得比较多的，英语学习的中断对以后孟执中从事科研和工程技术的开发产生了一定的影响。

大学一年级学习的课程大多是基础课程，包括高等数学、物理、化学等。

武汉大学校长是中共一大代表李达。在孟执中读武汉大学期间，毛泽东主席曾专程来大学看望过李达。副校长徐懋庸，是一位30年代左翼文化联盟的知名人士，鲁迅先生在文章中多次提到他。

武汉大学非常重视基础课程的教学，对一年级数理化教学要求很高。孟执中上的数学、物理和化学课程都是有名望的教授亲自授课。教物理课的是有名的电离层无线电传输研究专家梁百先教授。

在武汉大学求学期间，孟执中被年级选为物理课代表，负责梁教授与学生之间的联系。孟执中经常去梁教授处，反映同学们听课的效果、存在的问题，并向梁教授提出一些与课程相关的建议，同时将梁教授希望同学们掌握的重点内容和要求带到同学中。

当时用的参考教材是获得斯大林功勋奖的斯米尔洛夫教授编著的《高等数学》前三卷和福里斯编著的《普通物理学》。在与梁教授的交谈中，梁教授告诉他，在大学学习，首先是要把基础打好，特别是数学、物理和化学这些课程要学好。数理化是自然界万事万物发生发展规律的基本理论的总结，也是进一步学好专业知识的基本工具。学好并学会用好它，对日后进一步学习更高更深的知识和从事科研教学工作都极为重要。孟执中充分重视梁教授的话，将基础打得很扎实，给以后的工作带来了很大

1953年10月由武汉大学转入华南工学院的一个小组同学合影（从左至右，前排：吴江航、李仕昌；后排：马觉愚、张静娴、孟执中）

的帮助。

孟执中不仅自己努力学习，还接受了“一帮一”的任务，帮助那些学习成绩较差的学生。他帮助了两名学生，这两名学生成绩都有了明显的提高。

2. 就读华南工学院

1953 年，全国进行第二批院系调整，中南地区的电讯专业归并到广州新成立的华南工学院（现在的华南理工大学）。

华南工学院是几个大学的集成，在此求学期间，也是孟执中德智体全面发展的关键时期。进入华南工学院的学生文化素质普遍很高，但也有一小部分同学由于成绩跟不上而被淘汰。学校生活是半军事化的，前三年是公费，但到了最后一年要交学杂费，那 20 元学杂费最后是弟弟孟建中从部队里寄给他的。

求学期间，孟执中学习上没遇到什么困难，学习成绩一直优良，体育也很好。全校成立了一个党总支，但党员很少，学生中的党员几乎都是调干生，电讯系党员加起来一共不到十人，因此只有比较大的系有党支部。

孟执中觉得共产党员都是一些经过长期革命斗争考验、对党和国家做过重大贡献的优秀人物，自己和他们相比差距太大，加入共产党是一件高不可攀的事，所以不敢贸然提出入党申请。但当时的状况是学生党员太少，必须尽快壮大党员队伍，加强党对学校的领导和对学生、教职员工政治思想工作的力度。学校党组织认为孟执中比较年轻，虽然政治觉悟还不够高，但思想纯朴、品行端正、生活作风朴实，有政治热情，学习成绩优秀，体育也很好，且尊师重教，与同学关系也很融洽，在学生中有一定的影响力，是学生中的榜样。而且孟执中参加青年团比较早，大学第二年任青年团支书，连续两年都是学校的三好学生，所以一开始他就成为学校党组织的培养对象。

学校党组织专门指定两位调干生中的党员——叶旭和徐焕贞经常与孟执中联系。通过交流思想和教育启发，孟执中的思想觉悟很快有了提高，到华南工学院的第二年，向党组织递交了入党申请书。

在课余时间，孟执中主动接触一些进步书籍，阅读了不少马列主义的有关论述和毛泽东著作，以及党和国家领导人的报告。孟执中受刘少奇《论共产党员的修养》的启发教育尤其大，思想觉悟有了明显的提高。他逐步认识到，中国人民是在中国共产党的领导下，团结广大的劳苦大众，进行了艰苦奋斗，才推翻了压在人民头上的三座大山，取得了新民主主义革命的胜利，建立了人民翻身做主的新中国。今后，中国人民更需要在中国共产党的带领下继续奋斗，建设一个繁荣昌盛的社会主义强国。每个有志于为祖国的富强和中华民族的复兴做贡献的青年，都会把加入中国共产党作为自己的崇高理想。

在党组织的启发和教育下，孟执中坚定了为共产主义奋斗终身的信念。1955年下半年，经党支部酝酿和讨论，支部党员通过投票，一致同意孟执中的入党申请。因家庭和社会关系的外调工作需要一定的时间，直到1956年毕业前，党组织才正式批准孟执中加入中国共产党。孟执中成为该年级学生中唯一新入党的党员。

学校老师对孟执中成长的影响也是很大的。

数学老师邓韵秋、学院教务主任冯秉铨和班主任徐秉铮对孟执中的影响最大。邓老师是一位水平很高、很有教学经验的老师，她和她的丈夫卢文都是数学研究和教学方面很有造诣的教授，对学生的要求也很高。邓老师年过花甲，操一口粤语腔的普通话，讲起课来抑扬顿挫，铿锵有力。讲到要注意的地方，她会提高声调；讲到要深思的地方，又会放慢节奏，以引导学生们的注意力。听她的讲课，就像看一部精彩的话剧。冯秉铨老师是教务主任，也是全国知名的电讯学科教授，他给学生们上电讯传播的专业基础课。班主任徐秉铮教学生们无线电接收专业课。

电讯系的系主任林为干教电子管课程，他也是知名的电信学科教授。给学生们上无线电发送课的顾德仁老师是一位德高望重、水平高超、颇有风范的教授，是学校模范教师，中共党员。他不仅在学识方面给孟执中极好的教导，而且在为人处世、学习方法和科研作风等方面树立了榜样，对孟执中终身从事科研工作有很大的影响。

1956 年年初，孟执中班上同学在崔九成教授的带领下，来上海电讯部门进行毕业实习，住在虹桥路附近的一座原国民党政府官员留下的别墅内。别墅分两层，一层住男同学，二层住女同学，但全部是打地铺。

一处实习点是上海人民广播电台。几个中波电台发射机系统和发射天线设在虹桥，播音设备在靠近外滩的一座大厦内。另一处实习点是南翔的短波无线电台。所有的发射、接收系统和控制台等都是在南翔。每天全体同学分两拨，分别去两地实习，由电台的技术人员带领参观设施，听取电台人员的介绍，仔细阅读有关资料，看图纸和参加值勤。孟执中与另外两位同学由电台一位专业技术员陪同乘一辆小车，沿沪宁线公路到昆山、苏州、无锡和常州进行当地电磁场强度的测量。

一个多月的实习活动，为孟执中毕业设计打下了扎实的基础。回到学校后，孟执中以对台湾中波广播电台设计为题，做了毕业设计，并以优等成绩通过了学校内外专家教授组成的专业评审委员会的答辩。

孟执中

孟执中院士传记

Academician Meng Zhizhong's Biography

第五章

满怀憧憬

孟执中在苏联留学期间，如饥似渴地学习，并在国际性大会上发表了论文。导师希望他留下来继续深造，但孟执中听从祖国的召唤，毅然回到祖国的怀抱。

1956年7月，孟执中以优等成绩取得了毕业证书，结束了在华南工学院三年的大学生涯，被分配至中国科学院自动化所。该所是从力学所的自动化控制组（组长钱学森）独立出来的。为培养各种学科的专业研究人员，中科院往苏联科学院各对口的院所派出一大批副博士研究生，孟执中被派往苏联科学院自动学、远动学研究所留学。

1. 步入科学殿堂

1956年，孟执中大学毕业后面临分配。这时高校院系仍在调整时期，这次调整把所有电讯专业集中起来，成立了四川成都电讯工程学院（现在的电子科技大学），并准备把他们这批毕业生分配过去当助教。

同年9月，中国共产党第八次全国代表大会召开。会上，毛泽东致开幕词，刘少奇做政治报告，周恩来做了《关于发展国民经济的第二个五年计划的建议的报告》，邓小平做了修改党章的报告，朱德、陈云、董必武等做了重要发言。这是党在全国执政以后召开的第一次代表大会，确立了党和国家的基本任务：团结全党，团结国内外一切可以团结的力量，为建设一个伟大的社会主义中国而奋斗。

在这个时期，全国科学规划工作也正在紧锣密鼓地进行着。在周恩来的直接过问和国务院科学规划委员会负责人陈毅、李富春、聂荣臻的具体领导下，来自23个单位的787名科学家经过半年多的努力，终于编成了我国《1956—1967年科学技术发展远景规划纲要（草案）》。《规划》共确定57项国家重要科学技术任务和616个中心问题。在此基础上，又挑选出了具有全局性意义的12项重点工作，在人力、物力上优先予以保证。对某些特别重要而在我国却很薄弱、甚至还是空白的学科，采取了紧急措施，如发展计算技术、半导体技术、无线电电子学、自动化和远距离操纵技术四项紧急措施。加上当时没有公开的发展原子弹和导弹研究这两项绝密任务，共六项紧急措施，构成我国发展尖端科学技术的关键性措施。措施中，包括工作条件和干部培养计划等，是配套的。规划确定下来后，一项一项地进行检查，做到贯彻始终。正如这一年刚担任中国科学院副院长、党组书记的张劲夫所说："有了科学规划，就有了奋斗目标。"

根据规划，中国科学院于1956年10月11日，在北京组建了自动化及远距离操纵技术研究所筹备委员会，由钱伟长担任主任委员，沈尚贤、郎世俊等为委员。与此同时，计算技术研究所、半导体技术研究所、电子学研究所等也分别开始筹建。

1956年9月，孟执中与同班毕业的20多位分到北京的同学，乘着同一列火车前往中国科学院等单位报到。火车经过长沙时，孟执中的父亲、母亲和弟弟妹妹们到火车站来看望他。当孟执中在火车上远远看到父母时，心情异常激动。父母祝福孟执中开始新的生活，同时勉励他要好好工作，实现自己的理想。虽然火车只停留了20分钟，但孟执中的心里却温暖了一辈子。

火车到达武汉时，在那里换车，中间有六个小时的停留时间，孟执中的二哥二嫂、三姐和三姐夫，还有外甥女，都到火车站来看望他并合影留念。家人觉得孟执中大学毕业，能分配到中国科学院工作是家族的光荣。三姐还将自己心爱的手表（这是三姐在参观苏联展览馆时买下的一块苏联生产的“胜利牌”手表）送给了孟执中作纪念，她相信弟弟会珍惜时间，创造满意的新生活。

第二天上午，孟执中和同学们安全抵达北京前门火车站，并在那里等候来接站的各单位汽车。由于需要一段时间的等候，汽车才能到，于是大家组成几个小组，去天安门参观。大多数同学是第一次来北京，看到天安门城楼时都很激动，也为能够来到首都工作而高兴。

来接自动化所筹备组同学的汽车将孟执中与周宏廷送到了北京中关村力学所驻地。当时的自动化研究所还在筹备阶段，以力学所钱学森领头的自动学研究组做了大量的先期工作，包括自动化方面的一些工作。钱学森当时是自动化所前身自动化控制组的组长，自动化所筹备组组建和成立都是在他的支持和参与下进行的。

孟执中与周宏廷到所时，在那里实验室的人员只有陆元九、何善育、戴汝为、朱德茂等几人。孟执中是第七个报到的，出面接待孟执中的是陆元九和当时唯一的一位行政管理人员贾琮。孟执中等被安排在力学所三楼东端的房子内临时住下来，生活上都是借助力学所有关人员安排的。在那里等候新分来的大学毕业生前来报到期间，孟执中就去附近的北京大学、清华大学等高校和颐和园等风景区熟悉一下环境，了解一些情况。

这年中秋节，自动化所一共只有六七个人，所以和力学所的同志一起举办中秋联欢会。大家集聚在力学所门前操场上，孟执中坐在靠钱学森很近的一张桌子边。孟执中的母校华南工学院有两位学生，考取了钱学森的控制论研究生，一位是孟执中同班同学欧阳景正，另一位是孟执中上一级的同学，当时在校当助教的余其列，但他俩当时还未报到入学。

钱学森全家四口都参加了联欢会。钱学森夫人蒋英在“击鼓传花”中被罚演一个节目，她大大方方地唱了一首民歌《南泥湾》，钱学森在夫人唱完后带头鼓掌，喊着“再来一个”。

尽管当时日子过得并不富裕，但所里的气氛很融洽，大家的精神非常愉快，学业、学术长进也很快。

1956 年 10 月，筹备委员会正式成立并召开会议，成员有钱学森、钱伟长、张劲夫、陆元九和几位老科学家，孟执中与几位新来中国科学院的学生旁听。会议讨论了有关事项后，轮到张劲夫副院长讲话：“我是来给诸位当后勤的，给你们拎皮包、拿皮鞋的，真正的研究工作还要靠诸位，靠大家。”这是孟执中第一次听到中国科学院党组书记的表态，他感到非常兴奋。张劲夫的话表明了党对我国科技发展的期待和重视，对知识分子的关爱和信任。

筹备委员会成立之后，来所的人员也逐步到齐。副院长张劲夫和钱伟长、钱学森等领导和科学家经过讨论研究，成立了自动化所，并从东北科学院分院调过来一批人，武汝扬任代所长。杨嘉墀和屠善澄两位学者当时刚从美国归来，也加盟到自动化所。

自动化所分六个专业小组，分别是调节理论、生产过程自动化、自动化技术工具、自动电力拖动、模拟和计算技术以及远动学小组。孟执中参加了杨嘉墀负责的自动化技术工具小组，之后一直跟随他工作到 1965 年参加卫星工程研制后才分开。

来自动化所工作的党员不多，只能和力学所的党员在一起成立一个党支部，从东北工学院来的王景跃担任党支部委员，孟执中担任团支部委员。

1957 年年初，人员基本到位，工作逐步启动。第一年主要是筹备工作，学习数学、自动控制原理。但搞自动化大家都不熟，自动化这个学科名词孟执中在学校里都没有听到过，不知道要搞什么。几位老的研究人员就将研究人员组织起来，到全国各地考察，摸索中国的自动化怎么搞。

孟执中参加了上海考察组，在上海考察了大华仪表厂、南市电厂和外高桥电站等单位的生产过程的自动化控制发展情况和需求，详细了解了已在线运行的苏式 ЭПП—09 热工参数的测量和控制自动化仪表的技术性能和运行情况，包括它们在生产过程中发挥的作用。回来讨论后，所领导确定分自动化理论和硬件两方面来进行研究，硬件又分探测器和执行机构。

为了让新同志能够顺利进行工作，所里安排了几位老的研究人员，如陆元九、杨嘉墀、屠善澄和何善育等给他们上课，向他们传授自动化基础知识，并补充了一些读工科的学生在大学里没有学过的线性代数、微分方程、统计学、随机过程、复变函数和变分法等数学基础课程以及自动调节原理等专业知识。

所里还组建了几个实验室，孟执中被安排组建电子技术实验室。筹建实验室时，他购买了一些上海几个电子仪器厂生产的示波器、电表，以及真空管、电阻电容、半导体等电子元器件。

杨嘉墀给孟执中建议的学习和实践的第一项工作，就是组装一台电子管特性参数显示器。杨嘉墀从美国回来前，在美国买了一些电子仪器仪表，实验室组建后，他将这些电子仪器仪表转交给了实验室使用。孟执中将杨先生带回国的一台长余辉慢扫描示波器作为电子管参数特性显示器的输出显示器，有了这台示波器，仪器得以顺利组装完成，孟执中从中学到了课外的实践知识。

正在研究工作逐步展开时，“反右”运动开始了。那时候，只要说一句对党组织不满意的话，或过激的话，就有可能被批斗，最后被打成右派分子。而且当时还有指标，右派占职工的比例有要求。所里一个党支部副书记是知识分子，平时说话比较直，后来被定为了右派。钱伟长后来在清华大学也被打成了右派，就不来研究所了。党组织还要求党员要积极参与批斗会和写大字报。本来科学院是一片净土，却被“反右”运动搞得天翻地覆。

刚从美国回国不久的几位学者，幸好有党中央和科学院党组织的保护，没有被卷进去，免去了一场灾难。但年轻的研究人员中，有好几位知识分子受到了严厉的批斗，最后调离了工作岗位，接受劳动教养。虽然后来都平反了，但对这些同志在精神上的打击和时间上的浪费很严重。

2. 苏联印象

孟执中对苏联和中苏关系的了解，最初是从中学的历史教科书中得到的。解放后，情况有了很大的变化，除了学校的历史教材外，大量报刊、广播和报告会等对苏联情况的宣传，使孟执中能够全面了解十月革命后的苏联在政治、经济、军事和外交方面的巨大变化。

苏联此时已经成为社会主义阵营和国际共产主义运动的首领，中苏关系也发生了根本的变化。自十月革命以来，苏联在苏共的领导下，在经济恢复、生产建设、集体农庄的建立、科技的发展等方面，都取得了一系列翻天覆地的变化。尤其是二战期间，苏联及盟国战胜了德、意、日法西斯联盟，取得了伟大而辉煌的胜利。

在孟执中的印象中，苏联是一个高度发展、繁荣富强的社会主义国家，经济发达、政治稳定、人民生活水平高。当时广泛流传着一个说法，在苏联吃面包是免费的，可以放开吃。

苏联高度发达的科学文化是孟执中所向往的一个重要方面。自然科学方面贡献广泛的罗蒙诺索夫、建立化学元素周期表的门捷列夫、发明无线电的波波夫、条件反射学说创立者巴甫洛夫和生物学家米丘林，都是大家熟悉的在科学方面有巨人贡献和影响的名人。1957 年第一颗人造卫星上天更是显示出苏联在科技方面的高水平。

苏联的文化艺术成就也很高。在文学著作方面，孟执中看过许多苏联近代作家的文学作品，托尔斯泰的《战争与和平》《复活》、高尔基的自传三部曲《童年》《在人间》《我的大学》、果戈里的《死魂灵》，等等，都是非常深刻、对人的心灵有着巨大启示的文学巨著。苏联的电影也对孟执中有很大的影响，尤其是反映十月革命时期，在列宁领导下反对沙皇统治、建立苏维埃政权的历史场面，和二战时期与德国法西斯浴血奋战，直到取得最后胜利的历史记录，都让孟执中激动不已。《列宁在十月》《斯大林格勒保卫战》《攻克柏林》等影片，他看了多遍还未尽兴。

1958 年，国内自动化学科刚刚起步，研究所聘请了苏联自动学远动学专家来所介绍自动化学科的基本内容和对国家发展的重要意义。研究所急需一批年轻的科技骨干，为此，挑选了政治条件好，学习成绩优的年轻人。孟执中是研究所为数不多的党员，且成绩优秀，当所领导选中他去苏联留学时，孟执中非常兴奋，立即把好消息告诉父母兄妹，家人嘱咐他好好学习，报效祖国。

孟执中对苏联的向往由来已久，因此，被选派去苏联留学，使他对即将到来的学习生活抱有很大期望。

3. 在留苏预备部学习

1958 年去苏联的前夕，赫鲁晓夫反斯大林的报告已经公开，苏联共产党与

1959 年，孟执中（右二）与同学们在莫斯科郊外

中国共产党在意识形态和两国关系方面已经出现裂痕，而且裂痕越来越大，不可避免地给孟执中这些留学生带来不利影响。

而此时国内正值“大跃进”的高潮，左倾冒进思想和行动盛行。为了与“大跃进”形势匹配，原来要求留学生的三年学习期缩短一年，改为两年，且不必取得苏联的副博士学位，学到了知识就早早回国。

孟执中在北京俄语学院（现北京外国语学院）留苏预备部学习生活了半年。学院附近是一片农田，只有一些小店，可以买日常生活用品，还有一个规模不大的书店。孟执中学习很用心，平时很少出去，只是需要买些书籍时，才出学院大门。

出国前半年的头三个月，要求学习哲学和政治经济学，这是去苏联的留学生的必修课。要求在国内学完，通过考试得到学分后，可以抵冲在苏联学习的成绩。另外三个月是学习俄语的时间。在前三个月中，孟执中学习了马克思、恩格斯、列宁和毛泽东等的重要著作，其中有《辩证唯物主义和历史唯物主义》《反杜林论》《国家与革命》《苏共（布）党史》《实践论》《矛盾论》，等等。

令孟执中激动的是，他有机会听取了科学院副院长张劲夫、秘书长杜润生、哲学家艾思奇、政治经济学家薛暮桥等的讲课和辅导报告。令人难忘的是中国外交部部长陈毅元帅给学生们做的国内外形势的长篇报告，陈毅元帅在报告中表达了对科技人员，特别是留学生热情和急迫的期望。他动情地说：“你们谁能给国家搞出原子弹，我愿意给他磕头。”陈毅元帅的演讲大大地激励了学生们。在校期间，孟执中还见到了正在中国访问的古巴革命领导人之一格瓦拉。三个月的哲学、政治经济学的理论学习令孟执中收获颇丰，对他帮助很大。

后三个月的俄语学习，孟执中觉得不怎么理想。国内正在搞“大跃进”、人民公社运动，“三面红旗”之风越刮越烈，正处于高潮时期。社会上都在大炼钢铁，上午学生们都外出收集废铜废铁，孟执中也去各家各户，把锅碗瓢盆收集起来，回来就在学校大操场上炼钢铁。午饭后，大家还要去周围野地和粪池边拍打苍蝇，然后把它们收集起来，点清数量统计好成果。另外就是去体验民情，到四季青人民公社访问参观，了解他们办集体食堂吃大锅饭的经验。大家集中吃饭，不几天就把粮食吃光了。城里大炼钢铁，要求一年炼 1070 万吨钢，农村粮食产量放“卫星”。这样的社会环境导致学生们的俄语都没好好学。三个月时间很快过去了，俄语只能等到苏联后重新学了。

4. 赴苏留学

1958 年 12 月，中国科学院一批留学生乘火车从北京出发，经满洲里出国，全程七天到达莫斯科。孟执中开始了为期两年的留苏生活。

冬天的莫斯科冰天雪地，白雪把整片的森林压弯了腰，阳光普照，风景如画。

莫斯科有一个宏伟的、展示各加盟共和国国民经济成就的展览馆群，利用

1959年，孟执中在苏联

1959年，孟执中在莫斯科红场

报到前的间隙，孟执中参观了展览馆群。这里更像是展览楼宇与植物园融于一体的大型公园，宏伟而具有重大历史意义的建筑和展品，让孟执中感到，苏联人民创造的丰功伟绩值得全世界其他民族和国家学习和效仿。最让孟执中感到惊讶的是莫斯科的地下铁路网，它分布各地，舒适便捷，令人叹为观止。

孟执中还去了红场。红场边上有以列宁墓为中心的红场墓园。孟执中首先拜谒了列宁墓，他静静地走入两层地下室，无限崇敬地瞻仰这位苏维埃第一伟人。列宁的遗体安放在水晶棺中，音容宛在。是伟大的列宁创建了布尔什维克，创建了世界上第一个社会主义国家，伟大的社会主义事业从此起步。如今列宁就在眼前，孟执中心情不由异常激动，感觉他仿佛还活着。

瞻仰了列宁的遗容后，孟执中又瞻仰了安躺在棺中的斯大林遗体。很可惜，一周后斯大林遗体就火化了。他们大概是最后见到斯大林遗体的一批中国人吧。

拜谒了列宁和斯大林墓后，孟执中还参观了在红墙下的无名烈士墓。墓的前面是大理石台阶，排满了各色鲜花，石基的中央是一个凸起的五角星浮雕，五角星中的圆孔里燃着熊熊烈火。这就是长明火，象征着诗人所写的：你们的名字不为人知，你们的功绩永垂不朽。

苏联科学院自动学、远动学研究所设在莫斯科列宁格勒大街的一座三层结构建筑里，离红场不远。由于语言的关系，孟执中第一次去研究所，是由已经在苏联待了一段时间的戴自新陪同他一起去的。

孟执中去研究所报到，见到了导师。导师是莫斯科动力学院的老专家、自动化系主任舒米诺夫斯基，是吉尔吉斯加盟共和国的科学院院士（也是副院长），副导师是自动化仪器的专家缅里采尔博士。导师简单地介绍了苏联科学院、自动化所实验室的情况，同时问了孟执中一些问题，为孟执中拟定了学习工作计划。大致分为三个阶段：第一阶段为书本理论学习，重点学习与自动控制有关的基础知识和基础理论；第二阶段为在实验室进行学习和实践，同时熟悉放射性同位素的特性和掌握测试操作技术；第三阶段为根据所学课程和未来工作需要选定研究课题，开展研究工作，最后完成结业论文。同导师见面结束后，孟执中由实验室同事陪同去高尔基大街买了导师指定的书籍。

1959年，孟执中在莫斯科苏联科技馆

为了尽快适应环境，特别是能用俄语交流，第二天一早，孟执中就自己去了研究所上班，并且每周六日都去所里看书学习。三个月下来，他就与实验室里的同事熟悉了，俄语对话也基本掌握了。

苏联科学院的各研究所都是在各学科研究方面具有最高水平的科研机构，像自动学、远动学所就有多位苏联科学院院士和国际知名科学家、学者，有几个实验室的主任和专家还是军队的将军，有比较高的军衔。苏联科学院内保密制度很严格，一般理论性的、基础性的科技知识对外国留学生是开放的，凡涉及一些具体的技术细节或军事应用的问题，就严格保密，不予交流。

在研究所内，多个研究室、实验室都有岗哨，不少研究室门口有军人日夜值班。除了中午就餐的小食堂，工作人员从不到处串门，甚至走过他人实验室大门时，也不往里面张望。在苏联近两年的学习时间里，孟执中在所内除本研究室（也叫八室）的两间工作室和小食堂外，其他地方从未进去过，查资料、

1959年，孟执中（右）与同事在莫斯科红场合影

借阅报刊都到外面图书馆去，他经常去的图书馆是列宁图书馆。

孟执中去苏联学习的专业目的很明确，主要掌握实验室仪器的性能，熟悉放射性同位素射线的特性和对它进行操作的技术，以及研究利用放射性同位素射线进行无接触自动化测量的技术。导师要求先学好核物理和有关放射线的科学知识以及俄语，然后选择课题，去开发利用放射线进行新的自动化测量技术。

三个月的基础理论课程学习告一个段落，孟执中就开始在实验室熟悉放射性同位素的性能，弄清楚测试仪器的原理和使用方法，学会并熟悉测量和操纵放射线技术。实验室的实习工作完成后，1959 年年中进行选题。

20 世纪五六十年代，随着核科学技术的蓬勃发展，在工业生产、科学研究领域利用放射性同位素射线作为生产过程自动化测量工具的研发工作，与当时正在兴起的超声波测量仪器一样非常时兴，孟执中也是这个时代背景下的一个参与者。那时的苏联用放射性同位素射线作为手段，已开发出许许多多的自动化测量仪表，而且在实验室和生产线上广泛使用，如测厚仪、表面镀层测量仪、压力测量仪、流量仪、探伤仪等，数不胜数。这些仪器仪表由于使用简单方便、易实现不接触和非破坏性检测、长期稳定性好、准确度高、速度较快、易于自动化，在工业生产中广泛使用，并获得了可观的效益。

利用放射性同位素的射线来检测单个物理参数的自动化技术已经成熟。孟执中想到苏联科学院自动学、远动学所是具有最高学术地位的研究所，应该选择别人没有研究过，而且又比较难的研究课题。经过广泛调研，并与导师多次讨论后，他初步确定以多元素组成物体的无接触自动成分监测仪作为研究课题。

从 1959 年下半年开始，孟执中一头扎进研究课题的准备和试验中，潜下心来用核射线进行物体成分分析的理论依据进行研究。孟执中起先提出了一种用核射线的吸收和散射的特性来分析物体成分的方法，但在实验室做了一些探索性的试验和仔细地分析了试验数据后，他发现只有在使用两种元素组成物的情况下，才可以得到满意的精度和测量速度，元素多了就会导致精度差，不可用。

通过进一步分析和调查研究，孟执中了解到，当时苏联和其他国家已经广泛利用 X 射线作为矿山和工厂中快速物体成分分析的工具。另外，在第一届日内瓦国际和平利用原子能会议论文集中，孟执中看到了利用 β 射线的韧致 X 射线替代 X 光管在医学和工业探伤方面所取得的成果。

这两方面的情报，使孟执中得到了很大的启发。从理论上可以知道，X 光管的一次激发源是高速电子束，而同位素的 β 射线同样是高能电子束，应该可以用同位素的 β 射线来替代笨重而又难维护的 X 光管。再进一步推论，X 射线用来分析物体所含元素的成分是可以直接用它来激发元素的二次特征 X 射线的能谱带分析来实现的，所以可以用合适的同位素放射线源直接激发出元素的二次 X 特微射线，然后根据二次 X 特微射线的能谱分析来确定成分。

根据这些调研和分析结果，孟执中向导师汇报了他的初步设想，并向研究所提出了调整课题研究内容的申请。两位导师非常重视，召集了全实验室的工作人员听取他的介绍，并进行了讨论。大家认为，这一自动化检测多元素物体成分的方法是一个有创新、有前途的好方法，支持孟执中把工作继续下去，并安排实验室的另一位副博士研究生，把他原来的研究课题暂时放一下，协助孟执中的工作。

X 射线是一种波长很短的电磁波，它和 γ 射线没有本质的区别，只是 γ 射线是由核本身能级跳跃时发出高能电磁波，而 X 光的产生则是由和 β 粒子完全一样的电子轰击原子后产生的原子核外电子的能级跳跃而产生的较低于 γ 能量的光量子，所以用 β 粒子轰击元素靶，产生具有连续谱带的 X 射线，或者直接用软 γ 射线代替 X 射线完全是可以的。而且反应堆产生的同位素中有许多种由丁原子核的层 k 电子俘获和 γ 射线的原子内变换的效应，本身就能放射出 X 特微射线。无论是由 β 粒子轰击靶所产生的 X 线、软 γ 线，或者是同位素本身放射的 X 射线，都可以用来代替 X 光，并用来做成分分析。

孟执中（后排右二）与俄语老师和留学生在莫斯科合影

5. 在拉脱维亚科学院

1959年夏天，在实验室一位工程师的陪同下，孟执中去了拉脱维亚共和国的首都里加的科学院物理所，进入放射性同位素自动化实验室实习。研究所的所长、拉脱维亚科学院院士基尔柯和实验室主任亚努柯夫斯基亲自接待，并安排了一位很有经验的自动化仪表专家指导孟执中实习，学习他们实验室所有的利用放射线同位素制成的自动测量仪器。

里加位于波罗的海的东岸、芬兰湾南岸，是前苏联波罗的海沿岸三个加盟共和国之一拉脱维亚共和国的首都。里加是一座很美丽的城市，犹如一个大花园，到处都是盛开的鲜花，气候也十分宜人。孟执中刚到里加火车站，就有几位年轻人手持鲜花迎上来，让孟执中不知所措。经了解，原来是该共和国共青团员们请他们去座谈和做报告。

孟执中当时没有一点准备，但也不好推辞，只能随来迎接的人乘车去了一家工厂。会场里已经集聚了近百人在等候孟执中他们的到来，孟执中与主持人简单交谈之后，便走上演讲台，开始向大家介绍中国的情况，并对苏联老大哥帮助中国表示感谢。讲完之后，与会的青年团员还提出了一些问题，如：当时中国“大跃进”，提出十年赶超英国，是怎样实现的？事实上，别说作为在苏留学的孟执中，就是驻苏使馆人员恐怕也是很难说清楚这一问题的。

座谈持续了一个多小时，然后有共青团员送孟执中去旅店，还送了一个印有里加城市标记的皮包。很有趣的是，一位来自匈牙利的年轻姑娘也坚持要送孟执中他们回旅店，到了旅店后，姑娘又和他们聊了很长时间，离开时还特别邀请孟执中他们有时间去波罗的海看海景。

在里加实习的一个半月期间，利用两个稍为空闲些的星期日，孟执中乘火车去了波罗的海旅游，一次和同伴一起去，另一次是单独去的。波罗的海沿岸风景如画，游客很多。孟执中早晨去看海，那位热情的匈牙利姑娘成了他的导游。姑娘边走边说：“我对中国非常向往，很想去中国学习生活一段时间。”孟执中也向她介绍了中国的风土人情。

6. 导师希望他继续深造

1959 年 8 月初结束了在里加的实习，孟执中返回莫斯科。离开研究所时，研究所的领导和导师给孟执中写下了对他学习和工作的评价，这些评价都很客观，也很高，孟执中至今还保存着这些文件。

回到莫斯科后，孟执中开始研究课题的理论分析论证。他依据半年多的书本学习和实验室工作所掌握的知识，又查阅了大量的文献资料，经过近半年的仔细分析论证和严格的数学推演，对利用放射性同位素射线来对多元素物体进行成分分析得出了分析结果，从理论上论证了利用被放射线激发的元素二次X特微射线谱带分析的办法来进行自动和不接触的测量物体成分方法是可行的，并拟定了实现它的初步设计方案。

1959年年底到1960年5月，孟执中在实验室进行了大量的实物试验，获得了大量验证数据，再运用最小二乘法等数学处理方法，进行数据筛选处理，得到设计方案的正确性和可实现性论据。有了这些理论分析和初步试验的结果，按研究所对学生的要求，只要有理论依据，试验验证正确就可以结业了。

经导师同意后，孟执中编写了工作总结，由实验室内研究人员集体讨论、评议通过。这样，原本两年进修、实习的计划，只用了一年半就完成了。导师的意见是希望这一工作能扩展到原理样机，把学习期限延长为三年。但因工作量太大，实验室条件也不具备，孟执中经请示留学生党组织后，确定仍按原定时间结业回国。

中国科学院在莫斯科的学生不下200人，因党员较多，成立了党总支。孟执中留学时，物理所的管慰言任党总支书记，闵桂荣担任技术党支部的宣传委员，孟执中担任技术党支部的组织委员。

那段时间，张闻天担任中国外交部副部长，他邀请留苏的部分党员学生到大使馆会面座谈，在会上，他介绍了国内形势，他认为，搞经济建设要按客观规律办事，对“三面红旗”“大跃进”等，他似乎有不同的意见。这个座谈会给孟执中留下了很深刻的印象。

7. 在国际性大会上发表论文

1960年，国际第一届自动化联合会大会在莫斯科召开，这是一次全球自动化学术讨论的盛会，全世界很多国家都派出强大的自动化方面的专家、学者和工程师组成的代表团参加这次大会，控制论学科的创始人维纳教授出席了会议。

1960年，孟执中（左三）与中国自动化所代表团访问列宁格勒

此时中国的自动化科学研究和技术研发活动还处在起步阶段，但也集中了国内参与研究和发展自动化科技专业人士组成中国代表团。代表团团长由自动化研究所代所长武汝扬担任，他是一位革命老干部，多年从事文教和经济方面的领导工作，很有经验。团员有自动化所的陆元九、杨嘉墀、屠善澄和代表团的秘书兼俄语翻译杨树智，另外，还有清华大学自动化系的钟士漠教授等。

中国代表团参加会议的目标很明确，一是进行学术交流，但更重要的是多接触一些自动化科技界的朋友，尤其是希望能和在欧美从事自动化学科发展的华裔科学家建立联系，请他们到中国来合作和教学，帮助中国自动化事业的发展。

代表团到莫斯科后，与中国在苏联大使馆商务参赞（兼管科教事务）等领导进行汇报和交谈，提出代表团人手不够，又人生地不熟，任务重，请帮助调几名在苏联留学的学生临时参与代表团的活动，并做向导和翻译。宋健、胡启恒、章仁为和孟执中四位与自动化学科方面有关的在苏留学生最终被挑选临时参与了代表团的活动。孟执中在团内负责代表团与大使馆之间的联系，每天会议结束后，孟执中带着会议纪要到大使馆向参赞汇报情况，并将他的意见带回代表团。

在这次大会的分组会上，孟执中所在的自动学、远动学研究所有一篇论文是由两位导师和孟执中及另两位研究人员联合撰写的，孟执中参与了讨论，由副导师缅里采尔博士向大会宣读并回答提问。这篇论文是以孟执中在研究所时的研究工作总结报告为基础，经副导师仔细地审阅和修改后形成的，也是孟执中第一次在国际性大会上发表的学术论文，论文宣读后，在会上引起了热烈的讨论。

会议结束那天，苏联部长会议主席柯西金在克里姆林宫设宴招待各国代表团，柯西金热情地与各代表团的代表握手致意。虽然中苏两国在意识形态方面的分歧和争议已经日趋激烈，但在宴会中仍将中国代表团的席位和美国等大国的席位排在主席台前的首排位置。

孟执中（中）参观莫斯科科技馆

大会结束后，宋健等同志都回原处继续学习工作。孟执中因和代表团的大多数成员都是一个单位的，加上孟执中的课题结业报告已经基本完成，所以由孟执中陪同代表团一行参观访问。武汝扬、陆元九等六人和孟执中，再加上一个苏联派出的“中国通”（曾在中国东北以白俄身份居住多年，后被遣返回苏联），一起去了列宁格勒参观访问。代表团一行参观了十月革命时期列宁在列宁格勒郊外避难处的草棚，还参观了冬宫和夏宫等。访问结束后，代表团一行回到莫斯科，转程回国，孟执中继续完成学业中的最后一段工作。

1960 年“五一”劳动节，在红场举行阅兵仪式，孟执中被邀请在红场列宁墓两侧的观礼台上观礼，孟执中见到了苏联以赫鲁晓夫为首的阅兵领导人。

8. 登上了回国的列车

在苏联留学的两年里，尽管也受到一些限制，但孟执中的收获还是很大的。一是在基础理论知识方面，掌握了一些核物理、放射线等方面的知识，对以后参加核动力设备自动控制和卫星的抗辐射等工作有很大的帮助；二是在专业知识方面，掌握了如自动化测量仪器仪表技术，包括测量数据的优化处理方法等专业技术，特别是高精度、快测速和在大干扰背景下微小信号的检出技术等，对日后卫星星上仪器的设计和研制非常有帮助。孟执中受益最大的还是他从事科研工作的能力得到了锻炼。如何运用所学到的知识去解决科研工作中遇到的难题，比学习知识还要重要。

孟执中在苏联研究的利用放射性同位素射线来检测物体成分的自动化仪器的课题，虽然通过理论分析论证和试验验证了它的可行性，但远未达到能使用的目标。运用放射性同位素射线来进行物体物理性能的自动测量，固然有许多有利的地方，但在实际使用中，也有很大的弱点。一是射线对人体的伤害，哪怕是较小剂量的接触，也可能产生对人体不可逆转的严重伤害，且比起超声波、

1960年，孟执中（前排右一）回国前与研究室导师、同事合影

激光等所产生的伤害要大得多。另外，放射性同位素的来源也有较多的限制，成本较高，也不容易被大家接受。经过一段时间的实践之后，用放射性同位素作为自动化测量工具的发展没有得到预期的效果，而趋于衰落，但放射性同位素射线应用课题的研究对孟执中之后从事研究工作是一次十分有益的经历。

孟执中在整个留学期间，工作勤奋，任劳任怨，与同事相处和睦，不论是导师还是同事，都对孟执中留下了很好的印象。尤其是导师依依不舍，很希望他留下来继续深造，但是，孟执中听从祖国的召唤，义无反顾地奔向祖国美丽的大地。

1960年10月，研究所第八实验室的同事欢送孟执中，大家集体合影留念，之后，副导师缅里采尔博士亲自开车送孟执中到火车站。孟执中登上了回国的列车，在火车开动的那一瞬间，他激动地向导师和同事们挥手致意，眼泪湿润了他的眼睛。他是多么想留下来和他们再多工作一段时间，再多学

1960年，孟执中（前排左二）回国前与同学们合影

习一点知识啊！但祖国需要他，需要他尽快回国参加社会主义建设。他脑海中也在默默地思念着祖国，“母亲”，游子回来了。

苏联的火车和中国的不一样，到满洲里后要换车，把车厢吊起来放到中国轨道上的车架上。孟执中坐的火车刚到满洲里，就有一大批中国旅客上了火车，把所有的面包都买去了。孟执中觉得很奇怪，买这么多面包干什么？

两天后，孟执中回到了北京，到街上买食品，却被询问有没有粮票，这时他才明白张闻天给他们讲的国内情况。此时的中国，进入了长达三年的困难时期，在食品供应方面跟他们出国的时候不一样了，需提供粮票才能买到食物。

孟执中

孟执中院士传记

Academician Meng Zhizhong's Biography

第六章

回国初期

回国初期，尽管条件非常艰苦，但在困难面前，孟执中首先想到的是“决不能辜负党和国家对自己的培养”，他总是以饱满的热情，勤恳踏实地工作着。

1960年年底，孟执中回国参加工作。此时在国内吃饭要凭粮票，一个月只有29斤粮票，没有粮票吃不上东西。条件艰苦，为了减少体力消耗，他吃了饭就躺在床上，尽量保持能量，免得晚上看书时间长，又有饥饿感。

孟执中在北京外国语学院简短地完成了留苏小结之后，又回到了自动化所工作，仍被分配到杨嘉墀负责的405室。他担任了研究室的业务秘书职务，协助杨嘉墀工作。

1. 协助杨嘉墀工作

1961年，自动化所接受了二机部交给的核动力装置自动控制的研究任务，在405室成立102组，孟执中兼任102组组长。102组下设了几个研究小组，孟执中具体负责核动力装置的自动化系统的动力学和数学仿真系统的研究。因为孟执中在苏联期间学习了核物理包括核反应堆方面的知识，所以被分配到了核动力装置动力学和其电子模拟计算机装置的课题小组。孔德湧、李永正等负责仿真系统的模拟计算机硬件研制开发。

与此同时，中国科技大学自动化系设置了核动力装置的自动控制专业。孟执中担任了三届毕业设计指导老师。他先后指导过的张德颂、龚德荣等三名学生，他们的成绩都在班级中名列前茅。杨嘉墀先生是主课程的老师，其中核反应堆工程这一部分，他委托孟执中来讲。同时孟执中协助杨嘉墀先生培养研究生，担任了王旭东同学的副导师。

1962年，孟执中以在苏联结业的研究论文为题做答辩，晋升为助理研究员。

1964年研究课题结束，孟执中先后完成了“核反应堆启动电子模拟计算机装置”和“核动力系统电子模拟装置”两套产品，提交给了二机部有关单位使用，并配套编写了《核反应堆启动装置的研究与设计》（1965年原子能部分0024号）国家科技研究报告。两套产品的主要技术难点是核反应堆启动电子模拟量仿真计算机，核反应堆的功率变化呈指数型，模拟计算机数值的大动态范围和高精度的要求是一对矛盾，这种指数型的函数发生器比较难做。这一难点最终经过与所内计算机技术研究室的研究人员深入交流后得以解决。

孟执中跟随杨嘉墀工作了近八年，虽然没有正式的师生名分，但在孟执中心目中，杨嘉墀是他名副其实的导师和领路人。

从1956年年底杨嘉墀从美国回到中国，在中国科学院自动化所工作开始，孟执中除了中间近两年在苏联进修实习外，一直作为杨嘉墀先生的助手，在他的指导下，协助他工作，直到1965年孟执中参加人造卫星工程的地面卫星观测系统的研究工作。孟执中到苏联科学院自动学、远动学研究所留学，做二机部核动力装置的自动控制的课题，都是杨嘉墀先生提出并安排的。期间杨嘉墀先生还多次委托孟执中代他在中国科技大学从事课题的研究，带教本科毕业生和硕士研究生完成毕业设计。有幸在这位科技大师的指导下工作，孟执中受益匪浅。

杨嘉墀在科研工作中，从选题开始，便注重实用。搞自动控制理论和技术研究，许多人都喜欢搞理论和大系统课题，而自动化的敏感器、执行器等在自动化系统中不太起眼，但又是非常重要、难度很大的项目，往往有些科研人员不愿意去搞。杨嘉墀先生却承担了大量的自动化技术工具项目。

孟执中深切地感受到杨嘉墀先生在科学研究和为人处世中体现的务实作风。在科研工作中，杨嘉墀先生从不满足初步成果，从不拿模棱两可的不可靠的数据来凑结果，从不以势压人，他实事求是的工作作风给孟执中留下了深刻的影响。

2. 中国也要造卫星

1957 年 10 月 4 日，苏联成功发射了第一颗人造地球卫星，引起了中国科技界乃至世界科技界极大的反响。1958 年 5 月 17 日，中共中央主席毛泽东在中共八大二次会议上发出“我们也要搞人造卫星”的号召，更加激发了中国要搞自己的人造地球卫星的热情。

许多科学家都积极倡导开展航天技术研究工作，中国科学院甚至把研制人造地球卫星列为 1958 年第一项重点任务，组织有关专家拟订人造地球卫星发展规划，并为开展好这一重点项目研究，筹建了三个设计院，分别从事人造卫星、运载火箭总体，控制系统，以及空间物理、卫星探测仪等总体和关键分系统的研究、设计与试验工作。

为充分依托上海这一中国现代工业基地的机械

制造优势，加快人造地球卫星的研制进度，中国科学院第一设计院总体设计部、发动机设计部于1958年11月迁至上海，组建了上海机电设计院，实行中国科学院和上海市双重领导，以中国科学院为主的管理体制。

1958年开始的人造卫星起步阶段的工作取得了一些成绩，但也受到了当时“大跃进”运动左倾思想的影响，提出了一些不切合实际的设想。1959年1月，中国科学院传达了中共中央总书记邓小平关于“现在放卫星与国力不相称，要调整空间技术研究任务”的指示。中国科学院据此调整了发展计划、研制任务和机构，提出了以探空火箭练兵，高空物理探测打基础，不断探索人造地球卫星发展的循序渐进的战略。

从60年代初期起，中国科学院在探空火箭研制、空间科学技术多项课题研究和试验设备研制方面陆续取得了一些成果。与此同时，中国科学院等单位为卫星工程安排的一批预先研究课题和设备的研究任务也取得了可喜的进展。这些科技成果，为我国开展人造卫星工程研制做了必要的技术准备。

60年代中期，三年困难时期已经过去，经过调整，工农业生产和国民经济发展形势逐步好转，人造卫星的研制和发射又再次被提上议事日程。1965年元旦前后，中国科学院地球物理所所长赵九章和自动化所所长吕强以及钱学森先后提出了研制人造卫星的建议，并得到聂荣臻的同意。国防科委为此专门组织进行了可行性论证并报告了中央专委，中央专委批准了报告，并将卫星研制列入国家计划。

中央批准人造地球卫星的研制任务后，中国科学院立即行动起来。1965年5月31日，中国科学院正式宣布成立卫星本体组、轨道组、生物组和地面设备组，并要求在6月10日前拿出第一颗人造地球卫星方案设想和卫星系列规划轮廓。同年7月，中科院向中央呈报了《关于发展我国人造卫星工作规划方案的建议》的报告。中央专委第十三次会议原则批准了中科院的规划方案建议，并决定第一颗人造地球卫星争取在1970年左右发射。中国的航天技术由此进入了有计划开展工程研制的时期。

1965年10月，中国科学院受国防科委委托，在北京友谊宾馆召开中国第一颗地球人造地球卫星方案论证会，即“651”会议。这是新中国航天科技历史上一次著名的会议。会议从1965年10月20日起，到11月30日止，历时42天。时间之长、规模之大、内容之多，可谓史无前例。孟执中作为自动化所的一名代表参加了这次会议，被分在卫星地面观测网的数据处理计算机系统小组参加讨论。这也是他一生中参加过的最长的一次技术方案论证会议。

这次会议由中国科学院副院长裴丽生主持，杨刚毅负责会议组织工作。出席会议的有国防科委、国防工办、国家科委、总参、海军、空军、二炮、一机部、四机部、七机部、通信兵部、邮电部、酒泉导弹发射基地、军事科学院以及中国科学院13个研究所的代表。裴丽生、罗舜初、张震寰先后在会上发表讲话。赵九章就卫星的总体设计问题做了总结发言。钱骥就卫星的本体设计问题做了总结讲话。在钱学森介绍了运载火箭研制的总体思路后，七机部的朱毅麟就运载火箭的具体方案做了发言。

会议讨论了卫星本体、运载火箭、地面跟踪测量网和发射场的方案等问题，讨论最多、时间最长的是关于卫星轨道的跟踪测量和星上下传数据的接收问题。经过紧张热烈的论证讨论之后，大家对卫星工程的各大系统方案基本上取得了一致意见。会议商定，对已达成一致意见的各大系统方案抓紧进行完善，遗留下来的具体问题，待会后抓紧时间逐步研究解决。为保证工程研制工作的有序推进，会议还对任务的协作分工进一步做了明确。

会议期间，周恩来总理和中央其他领导人还特别邀请与会代表在人民大会堂小礼堂一起观看文艺演出，鼓励大家集思广益、献计献策，搞好第一颗卫星方案的论证工作。

1966 年年初，中国科学院正式成立了“651”设计院，赵九章任院长，杨刚毅任党委书记，钱骥等为副院长，着重狠抓人造地球卫星总体方案和筹建实验室的工作。1966 年 5 月，中国科学院又组建了代号为“701”的工程处，抓地面跟踪测量网的设计和筹建。与此同时，七机部第八设计院也开始了运载火箭总体方案的论证和设计工作。军事科学院、中国医学科学院开始按照规划，进行宇宙医学、环境工程的研究试验工作。中国科学院的所属单位，还安排了 200 项空间技术预研任务，分配给全国各地技术实力雄厚的研究所、生产厂进行配套协作。

至此，中国的空间技术从 1958 年毛泽东主席号召“我们也要搞人造卫星”开始，走过了整整八年曲折而艰难的路程，经历了创建时期、技术准备时期，终于进入了全面规划和正式研制时期。

3. 从“651”到“701”

卫星地面测控系统是人造地球卫星工程的重要组成部分，包括跟踪测量系统、遥测遥控系统、数据处理系统、监控显示系统和通信系统，它的功能是对卫星进行跟踪测量，获取卫星的运动参数和内部的各种物理参数，监视其飞行状态，为指挥、控制提供信息，对卫星实施控制，支持其正常运行。

早在我国第一颗人造地球卫星酝酿起步阶段，卫星的地面测控系统的预先研究和方案探讨工作就在中国科学院各研究所同步展开。在1965年召开“651”会议之前，电子所、地球物理所、计算所、北京天文台和南京紫金山天文台等单位就已经采用多普勒测速仪，无线电干涉仪，雷达、光学跟踪经纬仪等多种手段提出了各自的方案。在“651”会议上，讨论最多、时间最长、争论最激烈的问题之一就是跟踪测轨的手段和方案问题。直到会议结束才初步形成了我国第一个人造地球卫星地面观测系统的方案。

1965年9月，电子所副所长杨家德受中科院的委托，负责组建卫星地面测控系统。1966年3月，中央专委同意中国科学院负责卫星地面观测系统的规划、设计、建设和管理。1966年5月，中国科学院成立人造地球卫星地面系统管理局，先建筹建处，代号为中国科学院“701”工程处，全面负责卫星地面观测系统的抓总工作。正当各系统的研制工作和筹建工作逐步开展时，“文化大革命”爆发了，研制工作受到严重冲击。1967年3月，中央确定对原来已由中国科学院新技术局筹划建设的“701”工程处实行军管。1967年10月，又决定由酒泉导弹试验基地接管。“701”工程处组编为酒泉导弹试验基地第六试验部技术处，负责卫星地面观测系统的设计、建设和管理工作。

1965年5月，孟执中结束了“核动力设备自动控制”的研究任务后，转向我国第一颗人造地球卫星工程设计和研究工作。根据中国科学院的统一部署，自动化所负责人造地球卫星本体的姿态控制和遥测仪器，地面观测系统中的控制计算中心和台站的数据处理计算机系统由自动化所与计算所共同进行总体论证和设计。

在“651”会议上，孟执中代表自动化所就卫星地面控制中心的设想方案做了介绍，经讨论通过了会议的评议。“651”会议结束后，孟执中马上回到所里投入到紧张的工作中。为整合科研力量，经所领导研究，成立了卫星数据处理计算机系统研究小组，划归新成立的第九研究室编制。同时立即和计算所协商，成立了由两所的科研人员组成的联合小组，孟执中任总体组组长，计算技术所的高庆狮任副组长，工作地点在中关村力学所的老办公楼内，展开方案的进一步论证和设计工作。

1966年年中，系统方案的论证和总体方案设计已基本完成，确定了以电子部15所新研制的108乙晶体管计算机为核心的控制中心设计方案，以及以东北自动化所负责新设计的717机为核心的台站数据处理系统方案。

此时国内实时控制与数据处理的计算机技术尚处于初期发展阶段，无实例可以参考，联合小组收集和分析了美国人造地球卫星及载人飞船地面测控网的资料，根据国内条件，提出了以两台108乙机为中心的控制计算中心站实时控制与数据处理系统方案。

在方案中，孟执中等对主计算机的外部联接通道做了修改设计，增加了数传、大屏幕卫星轨道显示及绘图器等外部设备。为适应实时控制和处理数据的要求，对计算机的中断分时系统做了改进，整个系统能实时地完成卫星跟踪、遥测，接收并处理中、小观测站通过数传机送来的信息，计算和预报卫星轨道，实时监督各台站并向它们发送指令等任务。这样一个复杂的集控制与数据处理于一体的自动化系统，就其功能而言，在20世纪60年代中期是很先进的。

在观测台站数据处理系统方面，观察台站的数据处理系统是另一个实时数据处理自动化系统。该系统具有完善的中断分时操作系统，并采用了荧光屏幕字符显示与键盘控制相结合的人—机交互界面等先进技术，能有效地完成与多种外部设备随机交换信息、实时控制和处理数据等任务。

由于国内没有合适的计算机，在完成观测台站数据系统方案设计后，科学院自动化所和科学院东北自动化所立即进行了台站计算机的设计研制，孟执中担任联合设计组组长。1966年年末，该计算机已完成总体设计，部分设备的研制也开始了，但由于“文化大革命”的冲击，工作中断，1967年后，转由科学院计算所继续研制完成。该计算机为后来的卫星测控网的观测台站使用的717计算机原型。

控制计算中心原定设在渭南，但由于进度赶不上，为满足第一颗人造地球卫星“东方红一号”任务的需要，改址为酒泉导弹试验基地28号站。1967年，在酒泉导弹试验基地28号站按原控制中心方案做了简化后，建立了临时的卫星控制计算中心站，称临时中心，孟执中负责站内数据处理设备安装调试的技术工作，带领他的团队基本完成了设备联调。

1970 年，该站参加了我国第一颗人造地球卫星的发射飞行试验，作为中心站，完满地完成了任务。

孟执中与高庆狮负责的控制计算中心和台站计算机系统的设计和建造工作，业务上归口“701”工程处统一管理，人员的编制仍归原单位，即自动化所和计算所。工作地点先是在中关村力学所旧楼，后来搬到“701”工程处所在地北京端王府内。搬迁端王府时，因论证和设计任务已经完成，两所的联合工作组告一段落，计算所高庆狮等人没有共同前往。

1966 年年中到 1967 年年底这一段时间，孟执中的主要工作是落实和协调控制计算中心的数据处理计算机 108 乙机的设计和生产。计算机的设计单位是在北京苇子坑的十院 15 所，生产厂是北京的 738 厂。

台站的中央计算机也在这期间确定在中科院的沈阳自动化所设计和生产，并由孟执中带领一个技术小组去沈阳进行技术交底和协调。后来因“文化大革命”的冲击，沈阳自动化所无法完成计算机的设计和生产，这一任务又转回北京计算所研制完成。

4.“文革”中典型的“观潮派”

“701”工程处组建伊始就爆发了“文化大革命”。北京大学、清华大学等高校学生在毛泽东主席《我的一张大字报》的号召下，率先发起了规模浩大的“大鸣、大放、大字报”运动。在这场由学生发起的运动中，矛头直指这些学校的领导和党的组织。

科学院应用地球物理研究所部分人员受此影响，以科学院党委组织员工到农村帮助夏收，不让职工支援学校学生的革命行动，是执行了一条有意抵制“文革”运动的反动路线为由起来造反，由此揭开了科学院的“文化大革命”的序幕。随之从地方到中央各部门，各单位的“文化大革命”运动，轰轰烈烈地开展起来。

孟执中作为一名中共党员，入党以来思想上、行动上一直与党中央保持一致，以党员的模范行动和形象去影响和带动周围群众，共同为党的事业团结奋斗。孟执中感到像他这样一个出身于非工农家庭的知识分子，在大学毕业前夕加入了党的队伍，是件很不容易的事情。他在入党后很长一段时间内，总感到自己有小资产阶级思想，要真正改造成为一个完全的无产阶级战士，非得长期磨炼不可。所以他督促自己要在思想上、行动上紧跟党的主张和要求，基本上做到党组织让他怎么干，他就怎么干，从来也没有怀疑或去思考党组织的决定和主张会有什么偏差。

直到“文革”之前，孟执中在政治上和思想上始终是和当时的党中央以及基层党组织保持紧密一致的，在各次政治活动中是党的积极分子。尽管对在“三反五反”“整风反右”“大跃进”时期某些明显的左倾现象也有想不通的地方，但他提醒自己，是自己的思想感情没有转过来，总是从小资产阶级的立场上看问题，党是不会错的，所以要求自己在行动上要跟得上形势，这才是党组织所培养的一个可以信赖的好党员所应该做的。

1966 年，当一场史无前例的政治大风暴来临的时候，孟执中毫无准备，思想上仍停留在 1957 年“反右斗争”的阶段。看到一部分群众起来造党委的反，写大字报，发表过激的言论，指名批评党的领导人和党的组织，他认为，作为一名党员唯一正确的行动就是团结在党组织的周围，保护党的干部，因此对当时起来造反的群众采取对抗和阻挠的态度。未曾料到的是，随着形势的发展，他自己也成了所谓“资反路线”的帮手而靠边站，并受到了批评，从此在政治上就一直处于被动地位。好在孟执中所在地的造反派，没有把孟执中这些基层党员和干部作为批斗对象，所以他只是受到一点轻微冲击，而后就被放在了一边。

经过这一段经历之后，孟执中感到有些迷茫，弄不清谁是谁非。特别是中央领导一个接着一个被批斗被打倒，先是“三家村”——邓拓、吴晗、廖沫沙，接着是“四家店”——彭真、罗瑞卿、陆定一、杨尚昆，再最后就直指“最大的走资本主义道路的当权派”——刘少奇、邓小平。这些领导过去都是曾与毛主席共生死同患难的亲密战友，也都被打成叛徒、修正主义分子、走资派。还有解放后 17 年的文化、教育、卫生和文艺都被否定，知识分子被说成排在“地主”“富农”“反革命”“坏分子”“右派”“叛徒”“特务”“走资派”之后的“臭老九”，学生不需要接受系统的在校正规教育，工人不生产，学生不读书。这些都在孟执中的思想上引起极大的疑惑和不安，他隐约感到这样下去后果会很严重。国家这样搞今后会走向哪里？国家能富强起来吗？

孟执中当时是第九研究室的党支部委员，计算机数据处理系统研究组组长，受到影响靠边站了。他对批斗老干部老同志，特别是批斗党的高级领导心有疑虑，对造反派的一些做法很有抵触情绪，但在当时的情况下，他只能少发表意见或者干脆不说话，避免与造反派正面冲突。

幸好当时孟执中与高庆狮负责的卫星地面站控制计算中心建设工作归口在“701”工程处，工作地点也不在所里。找到这样一个合理的借口，孟执中就顺水推舟长期不去自动化所上班，一年间也无人过问。这对孟执中而言，是一个很幸运很难得的学习机会，既回避了这次运动，又能向计算所的同志学习许多计算机方面的知识，因此他也就成了当时典型的“观潮派”。

5.28号站临时中心的建设

1967 年 10 月，酒泉导弹试验基地接管中国科学院“701”工程处之后，组建六部技术处，办公地点在北京八里庄原商业学院内。孟执中不在“701”工程处人员编制内，就回到自动化所，参加所内的一些“文革”活动。

当时所内已经实行军管，行政领导与造反派组织成立临时工作组主持所的业务工作。回所后，孟执中先被安排到食堂劳动一个半月，然后参加研究室的“文革”活动。孟执中原来负责的小组已经被撤销了，所从事的工作也不得不停止，他只能自己看看书和资料。这期间，国防科委四局马水全处长和酒泉导弹试验基地六部副部长荆国庆来到自动化所，商谈调孟执中去酒泉导弹试验基地六部技术处继续从事控制计算中心的工作。

1968 年年初，国防科委政治部正式下调令，调孟执中去中国人民解放军 8120 部队第六作战技术处第五研究室工作。孟执中报到后，被分在第五研究室（计算机室）任技术负责人，负责控制计算中心和台站计算机系统设备配套抓总工作，从部队来的修正江为副手。

1968年5月，由孟执中带领的技术小组到酒泉导弹试验基地28号站临时中心，进行108乙机的安装调试和外部设备的联调。同行的有技术处的袁仲仁、15所的严有谅、技术处副政委兼指导员张文忠，基地参谋段双泉协助安排在28号站的工作活动。技术处王介康也来站参加108乙机和上海科学仪器厂制造的监控台联调。

到酒泉导弹试验基地后，孟执中等人住在10号站。10号站距离28号站还有几十公里，平时白天去28号站工作，要坐从10号站发往28号站的班车。班车都是用于运输的苏制“嘎斯”牌或国产“解放”牌大卡车，根本就没有座位，仅把一扇大箱板向里一翻权当座位。

车子一开出10号站，满目都是荒凉的、一望无际的戈壁滩，偶遇骆驼草也感到稀罕。几十公里的路面根本称不上路，只是许多车辆在戈壁滩上跑出的车辙印罢了，全是搓板状。车子跑起来颠簸得厉害，人若坐在车尾，遇到大的颠簸甚至会被颠下车来，因此大家宁愿站立也不愿坐下。另外，如果坐着，往返一次就会磨破裤子，在用布票的年代，人们对衣服格外爱护，谁又愿冒此风险呢？一旦在路上遇到大风，或者跟在前车后面行进，漫天沙尘，往往后车见不到前车，只见一团黄沙滚动，双耳和两个鼻孔都被沙尘充填了，一挫牙都能感觉到满嘴的沙子。

由于时间紧迫，工作量大，孟执中他们有时住在28号站。由于28号站属于初建，没有房屋，全部人员只能住帐篷。不遇刮风尚可，若是遇有一点风，哪怕是一点小风，一觉醒来，即使住在帐篷中，也几近沙葬，被子上厚厚地覆盖了一层黄沙，头上脸上也都裹上了沙尘。沙漠中用水奇缺，每人每天只给一军用水壶的水，喝都不够，更无法洗漱，反正大家都一样，谁也不挑剔。几天下来，衣服上、脸上，甚至眉毛上都沾了一层细沙，远远看起来像一尊尊会移动的“活兵马俑”。与地方比起来，部队在饮食上的供应还是不错的，白白的面条白白的馒头，但吃起来却总让人感觉不是味。混着黄沙的馒头和咸菜，每咬一口，都感觉是在吃细沙。

不经历谁都无法想象，在28号站最好的睡觉地点是机房的电缆沟。戈壁滩日夜温差很大，夜间气温低，机房的水泥地不敢睡，电缆沟虽窄，但是上边有木板，就不会像水泥地坪那样冰凉。所以，大家都愿意晚上加班，加完班在电缆沟睡上一觉，远比睡帐篷暖和干净，又可免受风沙之苦。

1968年的二三月间，孟执中找到王介康，给他安排了一项临时决定的紧急任务——临时中心指挥监控设备的研制。这项研制工作是为赶上我国第一颗人造地球卫星发射的时间节点。临时中心的计算机使用已计划生产的108乙机，为配合任务的使用要求，需增加一套临时中心指挥用的监控显示设备。按当时卫星发射的时间要求，临时中心监控显示设备要求在当年的8月份出厂到基地安装并参加联调。室里承担大站监控台研制总体的就王介康一人，这个新增的任务自然就落到他的肩上。

但这一项任务对王介康来说是一个全新的项目，一是对设备的具体功能不熟悉，二是对108乙机的有关接口性能不清楚，加上时间要求紧迫，王介康感到心里没有底。此时在一旁的孟执中已看出了他的心思，就平心静气地跟他一起分析任务并探讨完成任务的技术途径。

二人商定，孟执中先做一个监控设备的逻辑实现思路框图，之后王介康按这一框图进行细化，在逻辑原理图完成后，孟执中再帮他审核，然后进行工程化出图。两人还决定，研制生产时，为赶进度，设备需用的印刷电路版可不再专门设计制作，而是借用北京738厂生产的108乙机现有印刷电路版及插件组架等部件；设备下厂生产时仅需进行设备的构形及与电设计部分相配合的结构设计，并请厂方选配面板使用的板键、按钮、指示灯等；最后由孟执中带领人员完成整机在工厂中的调试，厂方配合并提供相应条件。经过这一番商讨，王介康对以后的工作内容有了一些方向，自然也就增强了对完成任务的勇气和信心。

在孟执中的具体指导下，1968年4月初，王介康完成了逻辑设计的工程化，并在北京738厂配齐了印刷电路版的种类、数量及插件组架等，去上海539厂进行任务的技术要求交底。

539厂当时接待王介康的是科技处处长张云龙，当谈到需在8月份完成任务时，张云龙虽感为难，但在荣誉感的驱动下，仍毅然接下了任务。他安排了该厂最强的机械、电气设计师承担此项任务，车间加工时也为该项任务让路开绿灯。

从厂方接受任务后，王介康就常驻539厂，协调解决生产过程中出现的问题。待设备进入电测试的阶段，孟执中和室另一位老同志袁仲仁又专程来厂，对设备调试工作进行指导。

在厂方的大力支持与配合下，8月份厂内的所有工作终于完成，设备包装后运往临时中心现场。事后，539厂人在谈及此任务时，称该项任务完成的进度之快，是539厂历史上所没有的。

设备启运后，王介康随即出发到基地28号站现场，参与设备安装及恢复调试。在设备与临时中心计算机联调时，孟执中也来到了现场。王介康的主要任务是108乙机，也兼顾监控显示台与中心机的联调工作。

在现场的联试工作中，监视信息功能的正确性是没有问题的，但出现了一些因脉冲干扰而引起的错误显示。孟执中帮助王介康分析原因，采取了一些措施，终于使设备通过了地面联试的考核。

28号站的李兆基站长对孟执中他们的工作很关心，经常来机房视察装机和调试情况，帮助他们解决一些工作和生活上的困难。

虽然艰苦，可是大家的工作劲头十足，对任务高度重视，不敢有丝毫懈怠。在那个“一穷二白”的年代，新中国的热血青年白手起家，在基地艰苦创业，将自己的青春年华默默地、无私地奉献给了祖国新兴的航天事业。

6. 移师上海

1968年8月，孟执中完成了在28号站108乙机的安装和调试工作后回到北京。

经过一年多的准备，技术处对“701”工程处接管的地方干部和科技人员进行审核后，挑选了一部分人批准参军入伍，余下的20多名科技人员，由于他们个人意愿和身体条件以及政审等各种原因没有参军。不参军的科研人员不再继续承担原来的工作，除逐步移交任务外，空下来的时间就参加学习班，等待分配到其他单位去工作。陈芳允、吕保维、陆志刚、魏钟铨和孟执中等十几位同志在海南岛三亚观测站李政委的组织下进行了学习。1968 年年底，孟执中将原来承担的工作交接完毕后，就专心学习。

1969 年年底，中央发布指示，凡已经参军的同志必须在几天内，全部离开八里庄去陕西渭南卫星地面观测系统的指挥中心工作，留下的同志继续在原驻地等候下一步的安排。

孟执中原先工作所在的中国科学院自动化所已解体，一部分人已划归 1968 年由 651 设计院改组的中国空间技术研究院（五院），建立了 502 所。余下的一部分同志酝酿成立新的自动化所，原自动化所所长吕强被留了下来筹建新所。当他得知孟执中回京等待重新安排工作后，马上找到他，希望孟执中能到新所继续工作。

正在此时，周恩来总理指示，上海也要搞运载火箭和人造卫星，建立新的卫星研发基地。由于上海技术人员不足和缺少这方面的经验，上海派出了高崇智等 40 余人去北京七机部和国防科委下属的有关部门考察调研，争取支援。

事有凑巧，七机部和国防科委领导向他们引见了卫星地面测控基地的负责人，这位负责人便向上海代表推荐了暂留在北京八里庄集体学习的十几位科研人员，认为孟执中、魏钟铨、李增福等几位同志都非常有才干，业务水平非常高，可做技术负责人。上海方面非常满意，马上同意接受，并趁热打铁，用了不到一周的时间，就与上级机关谈妥了有关人事调动事宜。接着他们又尽快与当事人取得联系，征得孟执中等人的本人意见之后，安排他们在一个星期内起程前往上海。十几位同志中除了陈芳允没到上海工作外，其余的同志都风尘仆仆地赶到上海，参加上海新卫星研发基地的建设。

孟执中

孟执中院士传记

Academician Meng Zhizhong's Biography

第七章

上海卫星事业起步

孟执中认为，“能够解决最实际的问题，才是科技之大为”。长空一号卫星的发射和成功运行，结束了上海从来没有研制过卫星的历史，实现了零的突破。

在20世纪70年代，研制卫星是一件非常了不起的大事，也是一项对外保密的工程。“701”工程任务下达后，上海市可以说是到了全力以赴的程度。上海有10个厂、所承担了卫星各分系统及单机的大部分研制任务，而涉及协作配套的单位达562个。

长空一号技术试验卫星的研制，旨在提供卫星技术新手段和新经验，为中国的航天技术发展和国防建设服务。卫星从总体方案调研开始，于1969年年底开始设计，1973年进行首次飞行试验，1975年7月26日由风暴一号运载火箭首次成功发射入轨。长空一号卫星是我国发射成功的第三颗人造地球卫星。

1. 从零开始

1969年8月14日的“814”会议，是一次中央决定航天工业再次分工的十分重要的会议。在这次会议上，周恩来总理代表党中央、国务院宣布，为了更好地发挥上海市的地方工业优势，上海也要搞人造卫星，主要是研制应用卫星，并决定由上海市国防科工办加强领导和组织协调，上海机电二局和地方共同研制火箭和卫星。

1969 年 10 月 31 日，中共中央、国务院、中央军委向上海市下达研制技术试验卫星和气象卫星，以及相应的测试观察设备的任务。上海市决定先搞技术试验卫星“长空一号”，等成熟后再启动气象卫星的研制。上海市将长空一号技术试验卫星及其运载工具风暴一号火箭的研制任务列为 1970 年第一号任务，代号为“701”工程，从此开始了上海航天基地的卫星事业。

上海原来从事探空火箭研究的机电设计院人员，已经去北京搞火箭研发，资料、厂房、设备、经验都存在很大的困难。研制队伍的组织，产品的设计、生产、试验和配套设备的建设都要从头开始做起。条件创建、队伍聚集，以及组织管理，都是在一片空白的情况下开展的。虽然领导发出了“白手起家，土法上马，没有条件创造条件也要上”的号召，但实际上最紧迫和最关键的是缺少开发人造地球卫星的科技人员。

上海从来没有搞过卫星，专业人才的缺乏是一个最大的难题。为了支援上海新兴的卫星事业，除了从机电二局等单位抽调一批技术人员参加设计工作外，国防科委和七机部还特地从北京地区抽调了魏钟铨、孟执中、吕保维、陆志刚和袁仲仁等科技人员支援上海的卫星工程，加强卫星总体的设计力量。北京来的 11 位同志中，除袁仲仁到华一开关厂搞卫星程控计算机外，其余的都去了总体单位。

1969 年 12 月，上海市成立“701”工程七人领导小组，由上海市革命委员会工交组负责人高崇智具体主持长空一号技术试验卫星研制工作。同时成立市“701”办公室，负责卫星和运载火箭研制的指挥调度、组织协调、元器件保障等工作。12 月 8 日，上海市革命委员会召开“701”工程动员大会，有关工厂、研究所、高等院校等 180 余个单位近 600 人出席会议。会后，上海机电一局成立领导小组，由蒋涛任组长，组织卫星研制队伍，并在上海汽轮机厂组建卫星总体设计单位，称“701”车间。

在长空一号卫星研制之初，上级领导已经确定把原先建在华银路上的汽轮机锅炉研究所一分为二，分别归并到汽轮机厂和锅炉厂管理。该所原来所在土地和建筑划归卫星总体部，作为卫星研制生产和试验场所。北京支援的技术人员于1969年12月到上海后，临时住在汽轮机厂原“捷克专家招待所”内。到1970年4月汽锅所分解与汽轮机厂合并后，“701”车间的全部人员改到华银路91号原汽锅所处上班，外地来的家属暂时住在原汽锅所集体宿舍。

“长空一号”的组织分工，由上海机电一局抓总。卫星仪器由上海机电一局、上海仪表局和上海机电二局负责。总体设计部在汽轮机厂，代号为“4101”工程，由汽轮机厂领导，具体业务归口机电一局军工处。总体部的领导班子由指定的革委会成员组成，汽轮机厂的保卫部长曲端和担任车间负责人。北京来的技术人员中，魏钟铨进入革委会。

1971年和1972年，从北京和基地及军事院校转业的一批技术和管理人员来沪，支援上海卫星事业的发展。1970年下半年，原锅炉厂厂长倪绍康调“701”车间担任领导。他是一位有能力、有经验的老干部，在他的组织领导下，工作有序展开。

当时上级研究确定“701”车间为军管单位，与外界相对隔绝。这样，“文革”对卫星研制的冲击较小，孟执中等人可以安下心来，集中精力进行卫星研制。

2. 卫星总体方案论证和设计

1969年12月初，孟执中到达上海，在安顿好家人后，就投入到“长空一号”总体方案的设计工作中。在他们到达之前，已经有一个初步的总体方案。当时就以这份初步方案为基础进行讨论，并根据讨论的意见，对原方案进行了修改。

长空一号卫星的研制过程并不是一帆风顺的。卫星研制初期，国外对中国实行技术封锁，公开刊物上也找不到这方面的信息。而国内因为是第一次研制这样的卫星，基础还相当薄弱，许多关键技术都没有突破。如星上要用的高灵敏度大动态范围宽频带扫描接收机、固态扫频器等关键单机，就是由于微波技术、无线电元器件等基础跟不上，在一定程度上拖了卫星研制的后腿。

孟执中虽然从 1965 年就开始参加人造卫星工程研制工作，但是局限于地面数据处理计算机系统方面的技术研究，对卫星本体的方案设计并不清楚。好在方案是由魏钟铨牵头，孟执中只是作为一名普通的参与者，提出一些有益的建议。在方案讨论中，孟执中等做出的主要贡献是提出卫星的计算机程控方案。

1970 年 2 月，卫星总体设计人员根据技术试验卫星任务、运载火箭能力、发射场和地面测控站设备等已有条件，经过综合比较，拟订出了卫星总体方案设想。

3 月，经论证，确定卫星总体方案是：卫星质量不大于 1200 千克，轨道近地点高度 190 千米、远地点高度 380 千米，轨道倾角 69 度，运行周期 91 分钟，在酒泉导弹试验基地进行飞行试验。地面测控系统采用已有的测控设备，星地遥控系统增设数据注入部分，用以修改轨道根数和卫星钟时间。卫星外形为：高 2.52 米，分前、后两舱，前舱为圆锥体，后舱为圆柱体，最大直径 1.7 米，圆柱体腹部安装天线。星体内部装载电子接收机、星载计算机、遥控机、遥测机、双频信标机、10 公分引导信标机、雷达应答机，以及姿态控制系统与电源系统等单机设备，共计 24 台套。

在总体方案中有两个主要创新点：一是卫星探测区域的控制，采用了孟执中、李增福和范振国等科技人员提出的以星载计算机为主、地面遥控为辅的控制方式，控制卫星在规定区域内或机动区域内电子设备的开关机和状态变换。二是由魏钟铨等科技人员提出的遥测、数传和双频信标机采用“兼用合一”方案，首次在测控系统综合利用中试用。

3. 星载计算机的研制

“长空一号”的程控计算机方案，最初酝酿时，因为对情况不清楚，原定是用钟表机构加开关继电器组成的程序控制器，所以把任务交给了华一开关厂承担。在组团到北京学习后，了解到当时卫星的程控仪器已经实现了电子化，不是原先的那种电工仪器。所以孟执中与袁仲仁来上海报到前，就已经安排袁仲仁到长江电器厂（原华一开关厂）报到。

孟执中他们到上海参加了卫星总体方案讨论，李增福和范振国两位负责卫星程控方案设计的同志提出，卫星的程序控制是按卫星在轨飞行的“星下点”位置来进行控制的，控制点按使用要求经常不断地在变化，所以用一个简单的时间链的程控方法很难适应。他们要求研制一台能够实时算出卫星“星下点”位置的数字计算机，这样就可以灵活和准确可靠地按需要实现卫星的程控任务。

孟执中与袁仲仁多次反复研究后，认为这一个要求是合理的，但在现有的条件下，研制出这样一台计算机难度很大。欧美国家由于体积重量和电功耗的限制，还很少见到有星载计算机投入使用。国内地面用的计算机，集成电路的使用才刚刚开始，集成度很低，电功耗太大，很难满足星载计算机的需要。

孟执中他们向各级领导机关和卫星总体汇报了这一情况。经过反复研究，大家一致认为，根据当时上海人造地球卫星的研制形势和领导的决心，通过非常规的研发程序和手段，有可能在较短的时间内研制出符合星载计算机装机要求的集成电路，星载程控计算机的设计方案这才确定下来。

卫星总体方案的论证和设计到 1970 年 4 月底基本结束。在进行总体方案设计的同时，各分系统的方案设计和产品的研制工作也紧锣密鼓地展开。在卫星总体部，技术工作的分工是这样的：魏钟铨负责卫星的技术抓总，孟执中负责卫星的电测试并重点联系卫星的姿态控制分系统和星载计算机的研制工作，吕保维负责联系卫星有效载荷——电子探测器和卫星天线分系统，陆志刚负责卫星和星载仪器的环境试验，周义之负责卫星结构设计，郭自成负责卫星的热控。

在卫星方案确定后，孟执中的工作重点放在了协助长江电器厂组织和开展星载计算机的设计和研制工作上。509 所党委书记朱二大说，孟执中是个业务尖子，对计算机观察得比较深，研究得比较透，而且判断问题能力比较强。有时候遇到复杂的问题，孟执中比较有耐心，有智慧，思维能力丰富，判断力强，大家对他都比较佩服。

孟执中第一次与刘伟杰去玉田路的长江电器厂，了解卫星产品研制情况，负责接待孟执中他们的是厂工程师郑开为和另一位厂里指定的小组负责人小陈，还有已经在厂的袁仲仁和几位年轻的技术人员。这些同志都是经过挑选和审查的优秀人才，但他们都从未接触过数字计算机。

就研制条件来说，也很简陋。工作场所除了些办公桌椅外，没有任何仪器设备，可以说是“白手起家”。实验室墙面在春、夏季大量渗水，没有除湿设备，只能弄点石灰和碳粉来，放在地面吸潮。

但当务之急还是充实和培训技术人员，一是从上海高校和上海本地的研究所等抽调和借用技术人员，二是对现有人员进行技术培训。孟执中与袁仲仁充当了技术培训启蒙教育的老师。孟执中介绍卫星和星载电子仪器的基础知识，第一课给大家讲的就是电子计算机运算用的二进制“布尔代数”运算法则。袁仲仁则重点给大家介绍电子计算机的一些基本常识和电子电路的技术知识。经过各方面的努力，从热工仪表所和上海高校借调了多位熟悉电子计算机的技术人员，参加了卫星计算机的设计和研制，力量才有所增强。

组成计算机的集成电路的集成度和性能问题是一个关键的技术难题。当初在上海几个无线电厂已经研发成功了小规模的 TTL 逻辑电路，但集成度很低，一个芯片只有四个与非门功能单元，功耗较大，很难满足卫星的使用要求。为尽快解决这一问题，上海“701”办公室和仪表局下达了加速开发研制集成度高、功耗低的集成电路的任务，并责成星载仪器使用集成电路的单位密切配合，协调攻关，逐步地实现电路集成度和性能的提高。

计算机的模样机设计和研制是在边学习、边实践的过程中进行的。一开始没有集成度高的电路，就先用集成度较低的电路来代替，等新电路研制出来了，再用新的器件替换。经过近半年的努力，第一台小规模、低功耗集成电路终于研制出来，与上海无线电六厂共同开发的厚膜电路和精选的小磁芯存储器组成了模样计算机，这是我国自行研制出来的第一台卫星星载计算机。

1970 年下半年，这台计算机通过了桌面联试和装星测试，并于 1970 年年底随卫星一起到基地参加星箭热试车试验。测试和试验证明，这台计算机性能基本满足任务的要求，但体积、重量、功耗和可靠性还达不到要求。

为进一步满足高集成度元件要求，孟执中经常去研发电子元器件的中国科学院上海冶金所，上海无线电五厂、六厂、七厂、十四厂和十九厂等单位，协同科技人员进行攻关。经过半年奋战终于完成任务，解决了集成度低和功耗大等技术问题，使集成度提高了四倍。并通过筛选、电老炼等措施，经两年的努力，将平均失效率提高到 10^{-6}，初步满足了整机的技术要求。该产品于 1977 年获上海市重大成果奖，1980 年获全国科学大会奖。

4. 建造大型实验室

为配合卫星工程的研制，在地面尽可能模拟卫星在空间所遇到的力学和辐射环境，从 1970 年 2 月起开始设计研制卫星力学环境和真空运行环境的地面模拟试验设备。其中，大型跌落式冲击台、大型离心机、大型及小型空间模拟器设备，先后于 1970 年年内完成。16 吨大型电磁振动台是国内第一个自行设计研制的大型振动台，用了十年时间，于 1980 年建成。

在兴建环境模拟设备过程中，充分发挥了上海地区工业优势与上海工人阶级的创造能力。研制这些设备涉及上海 72 家工厂、研究所和大学，它是大协作的成果。以 KM5 空间环境模拟器为例，主要研制单位上海曙光机械厂的工人奋战了两个昼夜，便完成了真空系统安装任务。七建公司的一个组只用了 4 个昼夜完成了 26 米高厂房的砌墙任务。5 米直径、120 毫米厚的大法兰盘，采用焊接结构，要求不变形，上海电炉厂工人用 7 天时间建了一个露天环形炉，保证热处理任务的完成。上海锅炉厂工人将直径 5 米、高度 7 米的真空容器一次焊接成功，无一焊点返工，搬运工人用地滚轴的方法将它运到了安装现场。

空间环境模拟器从 1970 年 8 月开始设计，到次年 5 月就一次调试成功并投入使用。

在研制大型振动台设备中需要 40 多米长的异形铜管，又没有制造设备，上海铜管厂工人勇挑重担，发挥聪明才智，破墙开洞，用汽车作为拉伸机，为研制振动台设备攻克了难题。凡此种种，一个个无一不是创造性的奇迹。在上级领导的大力支持和指导下，广大干部、工人和技术人员热情很高，干劲也很足，“701”工程开展速度相当快。卫星总体方案论证设计时，真空实验室从设计、制造、厂房建设到调试运转只用了一年多一点时间。厂房建设，设备安装仅用了 100 天，靠的是干部、工人和技术人员苦干、巧干和大协作的精神。

5. 主持长空一号卫星重大试验

1970 年 4 月，孟执中开始筹备卫星测试试验工作，主持制定卫星测试设备的研制方案，参加测试设备的方案设计和研制，并参加了电子产品的验收测试试验和卫星第一次装星联试。由孟执中编制的长空一号卫星第一个整星综合测试方案和试验大纲，为整星综合测试提供了很好的指导。孟执中还担任了试验现场技术指挥，解决和组织解决了试验中大量的技术问题，使性能还不稳定的初型卫星能够完成试验任务。

从这以后，孟执中多次主持长空一号卫星重大试验项目的技术工作。进行试验时，孟执中总是在场直接参加指挥或在技术上进行把关和指导，他多次发现和解决了试验中的疑难问题，并在紧要关头排除故障，保证了试验工作的顺利进行。

1970年年底，“长空一号”第一颗模样星完成齐套，开始测试。孟执中负责主持电测试试验，亲自起草卫星测试试验大纲。试验中尽管产品的功能是完整的，性能也勉强符合要求，但产品质量和可靠性不尽如人意。由于时间紧，基础差，匆忙接下来的任务潜伏着许多不易察觉的缺陷。而当时在人们的意识中，高质量和高可靠性的问题还未提到议事日程上来。

第一次电测试由于地面电缆阻值未考虑周全，卫星一上电就供不上电。现在看来问题很简单，但是，当初就是没有想到。后来只能现场改进，重新测量计算，增加电缆线的股数，减少电缆阻值，才解决了问题。接着，计算机又多次出故障，与其他分系统的接口不匹配，集成电路不断发生故障，几乎每工作一步都会发生这样那样的问题。

大家经常加班加点，有时一直工作到黎明，问题还没有解决，只能暂时休息一下，啃点干粮，继续干，有时甚至连续几天才找出问题的原因。那时的习惯就是，只要发现问题并确定了故障原因，就要现场解决。记不清多少回，为了解决试验中的问题，孟执中在实验室门外搭了一张床，工作累了，就在那里稍作休息，不分昼夜地和大家奋战在试验一线，直到问题解决。在经过很长一段时间的昼夜奋战后，才完成了卫星的电测试。

但这样的全身心奉献，并没有换得组织的完全信任。有一次“长空一号”第一颗星完成当天的测试时，已经是凌晨2点了，孟执中安排测试组的同事回家休息，自己却还在回想有没有细节上的问题遗漏。他惦记着完成测试不久的卫星，上班后一处理好必须处理的事情，就来到厂房，想再看一看心爱的卫星。

但实验室的大门紧锁着，卫星已经封存，等待去酒泉导弹试验基地参加星箭热试车试验。仔细询问后他才知道，未经领导批准，他不得单独接触卫星产品。孟执中顿时感到十分的惊讶和不解，卫星测试工作还未完成，总结也没写，作为主管测试的他在完全不知情的情况下，就被中断了测试，并转移了产品。这是孟执中自 1956 年参加工作以来，第一次碰到这样的状况，他惘然不知所措。

此时，正值“文革”顶峰时期，“左”的思潮盛行。孟执中出身非工农兵家庭，这样出身的知识分子是被改造的对象。孟执中虽然是知识分子中为数不多的老党员，但仍然还是被划入未改造好的资产阶级知识分子行列。正如一位领导在一次内部会议上所说的，只能在技术上“使用”，政治上不能“重用”。

接下来孟执中经历了一个短暂的消沉期。等到心情逐渐平静下来之后，他进行了深入的思考，意识到在自己头脑中有患得患失的思想在作怪。实际上，当时全国各地都处在“文化大革命”的大动乱时期，到处停工停产停学，打砸抢、派系武斗不断，能有一个与外界相对隔离、少受干扰的环境，能定下心来干人造卫星这项重大又光荣的航天工程，对他来说是一桩非常幸运的事，怎么还能计较那些政治和工作上的待遇呢？尽管在许多事上遭遇不公，但孟执中仍坦荡地面对人生，他坚定了信念，从情绪的低谷中走出来，一如既往地把自己的知识奉献给钟爱的卫星事业。

当时部分领导认识不够，个别领导甚至发表过“凭上海工人阶级的强大实力和聪明才智，一年就能拿下火箭和卫星”的豪言壮语。一位在航天系统工作的高干子弟表示了反对意见，为此被押到全市范围内有数千人参加的声势浩大的批斗会上接受批斗。孟执中也被组织派去接受教育，参加了这次大会。他亲眼目睹了当时的场面，感到很震惊。回单位后，他觉得以后还是少说为好。

不过随着时间的推移，卫星总体部领导班子逐步充实，技术人员和工人队伍也充实起来。在一起工作的过程中，技术人员和工人师傅之间的关系慢慢融洽起来，也相互理解了许多，工作逐步走上正轨。更重要的是，在上海抓卫星工程的各级领导对搞卫星的难度和风险有了共同的认识。

“701”工程中的火箭、卫星研制确实进展很快，也取得了很大的成绩。但是也遇到了很多技术上的困难，产品质量和进度方面的问题层出不穷。有些问题经过排查，暂时得到了解决，但下一次试验又发生了。因此，上海市的各级领导和机关渐渐感受到在卫星研制中存在的风险和困难，而解决这些问题，首先是要解决人才队伍问题。

上海虽然科技、教育实力雄厚，知识人才多，但熟练掌握航天技术的人较少，培养新人又需要一定的时间，所以只能边学边干，挖掘人才、培养人才成了当务之急。在卫星研制领域，一方面，抓紧从上海本地的高校和研究机构抽调部分知识分子，又从北京的几个航天研究院和京外军事院校的科技人员和教师中选拔人才，充实到上海卫星研制队伍中。另一方面，进一步发挥已有人才队伍的潜力，把解决人才问题提上议事日程。

其实，1969 年从北京调往上海的十几位科技人员中，有多位是在中科院各研究所工作多年、有一定从事卫星研发能力的研究人员。但是，上海方面虽然对他们在工作和生活上进行了安排，却并没有把他们当作“自己人”对待，更没有把他们当作可以紧紧依靠的对象，没有给他们创造更好的条件和工作环境，没有发挥好他们的潜力。经过很长一段时间的实践，抓卫星研发的领导才逐渐意识到，只有进一步团结和使用好人才，尤其是使用好具有航天知识、熟悉卫星技术的科研人员，发挥他们在技术上的骨干和核心作用，才能研制出高水平的卫星。

1971 年，卫星总体部主要领导倪绍康与孟执中进行了一次长谈。倪绍康坦诚地对孟执中说：“这一年多来，对你的工作安排和使用确实有不到之处，未能充分发挥你的作用，希望你能从大局出发，不计前嫌。上海搞卫星缺少经验，你们有这方面的经验，要依靠你们，希望你能勇敢地站出来，带领大家一起把卫星搞上去。”领导的谈话，让孟执中感受到了多年来少有的温暖。不久，倪绍康调离了岗位，由朱二大接替他的工作。朱二大上任后，又与孟执中交谈，希望孟执中能挑起重担，发挥更大的作用。作为一个入党多年、又是在新中国受党和国家培养的知识分子，虽然在工作安排和政治待遇上受到一点委屈和挫折，但孟执中感到，比起党和国家对他的培养，比起他对航天事业的深厚感情，这些都是微不足道的，更不会因此而耿耿于怀。

不久，在酒泉导弹试验基地进行的星箭试验结束，回沪进行总结。在这次总结大会上，市革委会和市工宣队的领导在总结基地试验工作的成绩和经验教训后提出，要让懂知识、熟悉业务的科技人员出来工作，挑起重担，积极解决技术问题。1972 年 10 月，卫星总体部指派孟执中和刘杰带队去莱阳，进行长空一号卫星与基地地面测控站在发射前的最后一次对接试验，解决了前几次对接遗留下来的技术问题。

6. 星地校飞试验

长空一号卫星是一颗技术试验卫星，分系统多、技术复杂、涉及面广、质量要求高，因而需要熟练掌握全面的技术。1970 年冬天，基地的全星热试车试验大纲和试验方案经孟执中修改后，由杨绍南带入现场。

1971 年 8 月，设计人员在山东莱阳站用伊尔 -12 飞机进行校飞试验，检验卫星与地面站之间信息传输的协调性、正确性和可靠性，观察星地之间有无干扰情况，重点检验以星上计算机为主、地面遥控为辅的控制方案的合理性，验证遥控和电子信号数据调制在双频信标机高低频端的正确性。此项试验对验证采用星上计算机控制方案的可行性和正确性至关重要，但因不久后发生“九一三”林彪出逃事件，星地校飞试验中途停止。

1972年4月至5月，设计人员在莱阳站再次进行校飞试验，发生计算机程控失常，因遥控电源受计算机开关控制，导致遥控机不能正常工作。卫星总体和分系统单位共同研究后，决定采用遥控接收机常开、译码器电源受开关控制的办法，保证在计算机失控或程序失效时，仍可以进行地面遥控。

同年9月，为验证新方案再次进行试验，同时对电子接收机的接收能力进行考察。10月，孟执中与刘杰带领上海试验队在莱阳进行卫星与地面观测站间的飞行对接试验，试验均获得成功，并解决了前两次校飞中遗留的问题。

7. 向周恩来总理汇报

对祖国航天事业的执着追求，是孟执中矢志不渝的行为准则。让他终生难忘的是两次向周恩来总理主持的中央专门委员会和两次向军委副主席叶剑英主持的中央专门委员会上报告“长空一号”的技术状况。

孟执中清楚地记得他先后向周恩来总理汇报卫星研制工作时的情景。

1973年6月20日晚，全体汇报人员围坐在人民大会堂湖北厅内，热切地盼望周总理的到来。21点整，周总理健步来到大厅，他环视了一下到会的同志，又看了卫星和火箭的各种汇报图表，然后高兴地说："大有希望！"周总理的话是对孟执中他们过去四年来工作的鼓励，也是对他们今后工作的期望，它犹如一股暖流，温暖着每个人的心，整个会场顿时活跃起来。

在融洽的气氛中，孟执中代表卫星研制单位做了汇报。孟执中此时 30 多岁，第一次经历这样的场面，他心里有些紧张，便拿着稿子照本宣科地念了起来。但刚开头称呼"总理"，周总理便用亲切的语气说："要称同志！"似乎看出了孟执中的紧张，周总理又继续说，"你是搞这项工作的，应该很熟了吧！要讲，不要念！"简短的话语中饱含的鼓励，消解了孟执中心中的紧张。他镇静下来，逐渐找回了自信，汇报起来也比较顺畅了。

孟执中就卫星的研制方案向总理做了详尽的汇报，周总理则在听取汇报中不时地用笔在汇报材料上做标记，留心每一个细小的问题，经常提问，及时做出指示。当汇报到卫星研制和其他有关工作时，周总理意味深长地说："地球围绕太阳转，卫星围绕地球转，我们的各项工作都要围绕共产主义这一个共同目标，如果各行其是，什么工作都搞不好。目标要认清，方向要对头。只要你们认准这个方向，就一定会创造出新的成绩来。"

在汇报会上，周总理谦虚谨慎、平易近人的高贵品质给与会同志留下了深刻的印象。汇报一直持续到深夜。最后，周总理非常高兴地对大家说："你们都很年轻，卫星、火箭就要靠你们这些懂科学技术的年轻人了！"如今几十年过去了，但总理的厚望依然印在孟执中的心中。

第二次向周总理汇报安排在 1973 年 8 月 14 日。中央同意把卫星和运载火箭从技术阵地转到发射阵地，在准备发射前，总理要专门听取汇报。孟执中从酒泉导弹发射基地赶到北京，到达汇报地点北京人民大会堂新疆厅后，领导告诉他有中央领导前来听取汇报。"上次会议是周总理主持的，这次会是谁呢？"孟执中心中嘀咕着。是周总理！下午 5 点零 5 分，厅里灯光明亮，周总理快步进入大厅，大家鼓掌说周总理好，总理和大家握手后挥手请大家坐下。突然周总理接到一个紧急电话，便叫大家等一等在这里吃晚饭。过了一会儿，周总理又专门来电，表达歉意，并约定第二天下午继续开会。

15日下午4点汇报会正式开始。周总理的身影一出现在会议室门口，孟执中既兴奋、又担心，上次主要汇报卫星的方案，比较熟悉，这次汇报的是卫星的质量情况，能否讲清楚？上次汇报的经历告诉孟执中，周总理听取汇报是很严格的，记忆力也特别好，每次汇报都要求汇报人要尽量简明扼要地把问题说清楚，把试验测试数据说准确，回答提问时不允许用“大概”“差不多”等含糊的词。

总理面色非常憔悴，他一边坚持着听汇报，一边服药。轮到孟执中汇报时，周总理不仅坚持听完了汇报，还做了详细的布置安排。

周总理时时处处关心航天战士，还特别强调要多关心女同志。会上，周总理特地问了上海无线电21厂的一位女同志，说：“你们爬不爬塔架？”这位女同志如实地回答说：“都爬的。”总理就说，要爱护女同志，要关心她们，女同志的生理情况与男同志不一样。总理问在座的许多男同志：“你们知道不知道女同志的‘四期’？”许多同志都回答不上来，总理笑着对大家说：“你们都是大男子主义。女同志的‘四期’，就是经期、孕期、产期、哺乳期。”总理要求在座的，包括各级领导都要爱护、关心女同志。周总理连这些细小的地方都想得非常周到细致，使在座的同志深受感动。

孟执中后来才知道，总理当时已身患癌症，病魔缠身。但他却为了国家大事，为了航天事业，忍受着绝症的极大痛苦和折磨，忘我工作，将自己的一切都贡献给了党和人民。

周总理的两次亲切接见，都给予了孟执中极大的鼓舞。他的光辉形象，一直留在孟执中的心里。周总理对航天事业每一步发展所倾注的心血，对航天科技人员无微不至的关怀，令孟执中每每想起就会产生巨大的力量，激励他勇往直前，把自己毕生的精力全部贡献给航天事业。在以后 20 多年的卫星研制过程中，孟执中始终用周总理的话鞭策自己，带领科研人员不断地向航天事业的高峰攀登。

8. 第一次飞行试验

在曲折和艰难的研制历程中，卫星经过了方案设计、初样研制、正样研制三大阶段，于 1972 年 7 月正式确定了正样产品技术状态。1973 年 9 月 18 日，卫星在酒泉导弹试验基地进行首次发射。

1973 年 5 月，孟执中作为试验队主要技术负责人和魏钟铨一起带队去酒泉导弹试验基地。第一次试验，孟执中从 5 月初进入基地，一直到 9 月中旬离开。这里面有很多原因，一方面是产品质量问题，有的是运载火箭的问题，有的是卫星的问题。另一方面是发射时间未定，8 月份测试完后，没有马上转场，因为什么时候发射要等中央的决定。后来发射时间定在了 9 月 18 日国耻纪念日。

近半年时间在茫茫戈壁辛勤工作，谁都少不了有点对家的思恋和对城市生活的向往。加之基地气候和生活条件相当艰苦，测试工作也相当枯燥乏味，用

"在家千日好，出门时时难"这句俗话来形容当时的情景是最恰当不过了。

这次卫星发射，不仅孟执中，大多数试验队员也都是第一次到基地。那个时候，运火箭的专列从上海出发，路上要五六天时间才能到基地。停靠的车站都是军用车站，站里面只能加水，吃饭都是问题。基地的生活条件比较差，没有什么东西吃，很多食物都要从外面运进去。试验队进基地时，吃的东西基本上都是从上海带去的，诸如咸菜、酱豆腐等，不仅是试验队员自己要吃，而且还要给部队捎一些，也体现一下军民同甘共苦。在基地待了那么长的时间，说真的很不容易。那时连通信也搞不定，第一次去的时候，连写信都不行。尽管在基地一待就是五个月，却没有队员因为这个闹情绪，想要回上海，大家还是很有干劲的。

在基地进行卫星测试时，都按照部队规则。过去部队发射卫星，基地部队的技术人员要到上海来，跟着搞卫星的研制人员学测试。搞卫星的研制人员要把情况都给部队的技术人员讲清楚，并与他们一起参加厂房的测试实习，由设计人员现场进行指导，等这部分人员掌握了具体的测试要领和测试方法后，再回基地进行任务的全面准备。卫星试验的大纲是上海这边写的，但细则却是基地写的。产品一进入基地，则从产品开箱到产品准备、从产品测试到产品总装，一岗是部队，二岗是卫星研制人员。但这些都要在上海教会他们。口令全是部队负责的，卫星的研制人员在旁边把关。

“长空一号”第一颗发射星3月进行总装，经过工艺振动试验、热真空试验和地面电性能测试后，5月29日出厂，运往酒泉导弹试验基地，进行第一次飞行试验。试验目的是检验总体方案的合理性、各系统工作的协调性、电子接收机方案的可行性。6月，卫星在技术阵地进行单机检查，整星测试，以及星、箭联合模拟飞行试验，各系统性能良好，工作协调，发现的26个问题现场均得到解决。

8月14日至15日，周恩来、叶剑英、李先念等中央领导同志在人民大会堂专门听取发射前的准备工作汇报后，批准卫星首次飞行试验任务。9月6日，卫星转运至发射阵地。1973年9月18日，被期盼首战成功的长空一号卫星没有发射成功，火箭第一级工作很正常，但第二级姿态控制用的摇摆发动机没有工作，一二级分离、二级点火后，即失去稳定，自行炸毁。

失败给大家以沉重的打击，大家都泣不成声。实际上，遥测火箭飞行试验时，已发现在飞行后期摇摆发动机推力下降的现象，但由于没有酿成失败，所以没有引起足够的重视，也没有及时抓住这个异常现象加以解决，最后导致失败。这真是一个十分惨痛的教训！

本次发射的卫星未能进入轨道，卫星星载计算机随火箭从63千米的高空跌落到农田里。研制人员费了九牛二虎之力将这一残骸运回上海，经检查，发现计算机外壳虽然受了点损伤，但其电路板仍然能正常工作，这不能不说是一个奇迹。

9. 改进型姿态控制

1975年，“长空一号”飞行试验正在进行过程中，原来负责研制卫星姿态控制系统的上海仪表厂表示，他们将集中力量从事运载火箭控制系统的研制工作，不再接收后续卫星姿态控制系统的设计和研制任务。

卫星姿态控制系统是卫星的一个重要组成部分，卫星没有它仅能成为一个绕地球转的铁疙瘩，起不到任何作用。因此得到这个消息后，总体所马上做出反应，研究确定由孟执中组织开展卫星姿态控制系统预先研究工作。在第三研究室成立系统研究小组，孟执中担任“长空一号”改进型姿控系统组组长，研究系统的初步方案，王弥惠负责气象卫星姿控系统的预先研究。

孟执中于1975年6月亲自编写对地定向卫星姿态测量系统分析技术报告，同时，还在三室组织开展了姿控分系统的卫星产品研制。其中液浮测速陀螺是与上海交通大学精密机械系合作研制的，交通大学负责研制陀螺表头，三室李珊、金良江负责陀螺的力平衡控制电路和三相马达电源的研制。冷喷气执行机构的研制由顾林生和夏咸明等负责。反作用飞轮先是由上海交通大学电机系研制，后改为三室颜履杰、刘胜忠负责。

试验设备中的三轴转台和气浮台早在1973年与502所的康晓文合作过，在康晓文与上海机床厂合作制造的转台基础上，适当修改后再制造一台用于试验。其中控制测量电路也由三室负责研制，导电环由上海航海仪表厂制造，旋转电位器由上海仪表厂制造。1977 年 5 月，三自由度机械转台完成总装、调试，并投入姿态控制系统仿真试验使用，直到 1995 年姿态控制研制任务在航天局业务调整中回到原 812 所后，此转台也就停止了使用。

在此期间，孟执中对卫星姿控系统的设计方法做了一些探讨。在卫星姿控系统设计中，过去大多用经典控制理论的分析设计方法。而孟执中经过较深入的学习后，运用现代控制理论和方法，对系统分析和设计做了尝试，取得了一些成果。1975 年在设计“长空一号”改进型卫星姿控方案时，设计人员用卡尔曼最优估值滤波器的方法，设计了三阶轨道陀螺罗盘，进行对卫星姿态角估值运算，对滤波器结构、参数、误差表示式以及滤波器算法方程的离散化等问题做了系统的分析，并编写了技术报告。

后来，孟执中又进一步研究，形成了对姿控系统设计的新思路，并就“长空一号”改进型卫星姿控系统拟定了初步方案。其系统框架和主要内容概括为：立足于国内现有技术条件，通过对可被采用的姿态测量敏感器件的各种组合，分析和讨论了卫星运动状态矢量的可观测性，并把最优滤波器的估值范围由原来的姿态角参数（为形成闭环控制所必不可少的姿态角偏差和速度量）扩充到对外干扰力矩（慢变化量）和测量敏感器自身的慢漂移量同时进行估值计算，并对它们施加补偿控制，以求进一步提高姿控精度和改善品质。

在估值滤波器的构成方式上，孟执中提出了把被控的姿态偏差量和被补偿的慢变化量分别估值的分离式最优滤波器设计方法。其要点是把滤波估值的高频和低频部分分开设计，即先将一部分频率响应高并能连续获取测量信息的敏感器（陀螺和红外地平仪等），在满足可观测性条件下，组成姿态角和角速度估值滤波器，并以这些估值量按二次型性能指标的要求组成最优控制规律（二次型性能指标线性最优控制的分离定理允许状态估值与最优控制问题分开处理）

形成对卫星姿态的闭环控制。在处理慢变化量的估值计算时，可以认为上述闭环回路已处于稳态运行。卫星姿态的稳态偏差只反映未经补偿干扰力矩和测量元件漂移量对系统作用而形成的偏离值，在它上面还叠加有随机噪声。第二步再将所有的测量值，包括只能间断获取信息的测量值（如太阳角计因受地球阴影区限制，只能间断测量）组成第二个最优滤波器，对慢变化量进行估值运算，然后对测量漂移和干扰力矩进行校正和补偿，从而构成一个类似于惯性导航系统中起校正和重调作用的闭环卡尔曼滤波器。有关分离式最优滤波器的结构和算法方程都已推导出来并结合实例进行了分析。

控制器的执行机构采用重复设置一个斜置飞轮对三个轴起备份作用的方法，以最少硬件实现高可靠性系统。除去敏感器和控制执行器件外，估值滤波和控制规律的运算均由星上计算机来完成。当任何敏感器或执行器失效时，可由计算机判断出故障位置，重新组合新的估值和控制系统进行工作，这个转换过程只涉及计算机内部程序的调整，所以是很灵活方便的。

孟执中将整个姿态控制系统的设计思路和具体的设计内容写成论文《近地轨道卫星的高可靠性三轴稳定姿控系统的分析》，1980 年在中国宇航学会空间控制系统理论和应用会议上进行了交流。

“长空一号”改进型的姿控系统的研究工作一直持续到1981年，长空卫星任务暂时封存为止。之后系统研究和产品设计工作与风云一号气象卫星的姿控设计工作合并，集中力量进行“风云一号”姿态控制系统的研制。

10. 恭候佳音

从1969年到1977年的8年间，“长空一号”经历了总体方案论证、卫星研制和发射试验的全过程。孟执中全力以赴地扑在工作上，和魏钟铨领衔了各阶段的技术工作。

第三颗卫星经过总装测试后，于1975年5月进入酒泉导弹试验基地。6月，卫星在技术阵地进行了性能测试与星箭匹配试验，并向中央做发射前的准备工作情况汇报。由于此星的发射成功与否关系重大，7月26日发射这天，中央特派国防科委副主任钱学森、马捷亲临现场指挥。中央军委副主席叶剑英在发射前还特地打电话给试验队说：“恭候佳音。”万事俱备，只欠东风。21时29分，火箭点火，携带着卫星昂首飞向深邃的苍穹。卫星按程序分离、准确入轨。星上计算机启动工作，红外地平仪小风罩打开，卫星姿态稳定，工作正常。

晚上22时，迫切等待消息的叶剑英怀着激动的心情打电话给试验队：“祝贺你们把卫星送上了天，请向参加前线工作的同志传达，向他们问好，祝他们胜利！”国防科委主任张爱萍闻知喜讯，挥笔贺诗一首：“长空激雷霆，红星照寰宇。喜看风光好，再把险峰登。”中共中央、国务院、中央军委也发来了贺电，祝贺此次来之不易的星箭成功发射。卫星入轨后两小时，西安卫星测控中心就报告了卫星的运行参数。

同年8月，在上海召开了卫星飞行试验总结会。会议认为，长空一号卫星总体方案正确，卫星服务系统各单机性能满足要求，卫星各分系统在飞行试验中得到了考核。同时认为，卫星有效载荷能接收到信号而不能正确定位，红外地平仪输出、遥控电源等也存在不同程度的问题。

长空一号卫星首次发射成功，大大增强了研制人员的信心。之后经过技术改进，又成功发射了两颗卫星。地面测控数据显示，卫星仪器设备可靠，工作正常，卫星寿命和可靠性比原设计都有所提高。当然，受认识水平、设计能力、生产条件、元器件性能可靠性等限制，卫星仍然存在一些质量问题和缺陷，有些系统的功能未能满足用户需要。

1975 年冬季，第四颗卫星进入轨道，正常工作了 8 天，按原设计工作寿命在电源耗尽情况下停止工作。卫星入轨后 2 小时，西安卫星测控中心报告了卫星的运行轨道参数，近地点高度 186 千米，远地点高度 464 千米，倾角 69 度，周期 91 分钟。

从 1973 年开始到 1976 年，长空一号卫星共进行了六次飞行试验，其中三颗卫星发射获得成功，另外三颗卫星因运载火箭故障而未能入轨，但从获得的遥测数据判断，卫星各系统直到坠毁前都保持了良好的工作状态。

长空一号卫星总体于 1977 年获上海市重大科技成果奖，1978 年获全国科学大会奖。卫星、各系统及地面试验设备多项技术系国内首创，先后获得过上海市、七机部、国防科工委授予的科技成果奖和全国科学大会奖共 66 项。

11. 遥望"长空"

在中国的卫星研制和发展史上，长空一号技术试验卫星名不见经传。它名不见经传的原因是：第一，它是一颗试验卫星，在很长一段时间内没有解密，深藏闺中，所以不为世人所知；第二，由于当时运载火箭技术没有过关，风暴一号火箭曾经在1973年至1976年之间发射过六次"长空一号"，其中三次失败，因为发射成功的概率太低，使得卫星功能没能得到充分验证，问题也没有得到充分暴露，尤其是它的有效载荷没有实现用户的基本要求；第三，由于历史的原因，该型号生于"文革"乱世，"四人帮"在上海的余党对这一型号横加干涉，妄图从中捞取政治资本。当时，张春桥指示要加快步伐搞卫星，只要"铁蛋上天就是胜利"，扰乱了研制队伍的思想，严重影响了卫星工程的研制进度和工程质量。这种只重视卫星的政治效应，不管卫星的应用效果，只重进度而轻质量的做法，使得长空一号卫星的研制走了许多弯路。

但是，长空一号卫星的研制既是上海卫星事业的起点，也是我国卫星事业发展历程的一个组成部分，它取得的技术成果可圈可点，具有一定的历史价值。

"长空一号"是我国第一个采用三轴姿态稳定技术飞行成功的卫星，此前成功上天的东方红一号卫星和实践一号卫星都采用的是自旋稳定技术；它大胆地将计算机应用于卫星，并采用程控为主、地面遥控为辅的控制方案；它采用双频信标机兼作跟踪、遥测和数传的综合利用体制；它大量采用可靠性高的TTL集成电路，这在微电子技术尚不发达的当时，是非常难能可贵的；它还改进了银锌蓄电池工艺，使卫星工作寿命延长三分之一；等等。还有一点就是，长空一号卫星的发射和成功运行，结束了上海从来没有研制过卫星的历史，实现了零的突破。

长空一号卫星的研制，带动了上海市与之配套的冶金、材料、机械制造、仪表电信与元器件制造等基础工业的发展。许多高校也积极参与其中，推动了技产学研的紧密结合，带动了对航天技术新课题的开发和研究。

在长空一号卫星研制中，暴露和需要解决的问题实在太多，需要了解和学习的知识也很多。在此期间，孟执中阅读了大量的资料和书籍，学习了包括飞行器轨道动力学、空间环境和地球物理、电子集成电路、数字通信等过去没有学到过的知识，解决了以往没有深刻理解和认识的问题。

实际上，对于卫星本体的研制孟执中也是第一次，他只能边干边学，在学中干，在干中发现问题，找出答案，不断挑战自己。孟执中在自动控制方面有点基础，但在空间飞行器控制方面所知不多。在不断的工作实践中，孟执中认识到自己的知识不足，便埋下头系统学习钱学森的工程控制论和陆元九的惯性导航等方面的著作。机械结构是孟执中知识的缺项，所以他很少发表这方面的意见，总是尊重这方面专家的意见。孟执中这样认为："能够解决最实际的问题，才是科技之大为。"

长空一号卫星的研制，对孟执中而言，让他从课题研究转向了工程实践，除了理论、原理之外，还有产品、工艺；从单一的知识分子环境走出来，和工人相结合，走多位一体的模式；实现了从单打独斗为主的作坊式研究到率领大兵团攻关协作试验的转变。

长空一号卫星的几次空间运行，卫星平台一直是成功的。在技术方面，它第一次在卫星上使用了计算机，虽然容量有限，但技术上是开创性的，如果能进一步改进有效载荷，此类卫星将是很有前途的。但当时正逢全国性的任务调整，在有效载荷技术还不够成熟的情况下，上级决定“长空一号”暂时封存，不再继续研制，而转为进行卫星新载荷的预先研究。队伍仍保留着，通过“长空一号”研制和发射的实战训练，这支队伍得到了培养和锻炼，思想上更加敬业，技术上更加精湛，作风上更加硬朗，为以后承担技术难度更高的卫星任务打下了扎实的基础。

1976 年以后，研制团队对卫星技术方案做了改进并重新研制了探测设备，在两年里取得了重大突破。1981 年组织星地校飞试验，结果表明，改进后的方案可行，新研制的探测设备满足技术指标要求，并准备于 1981 年 7 月继续进行发射试验。后因国家计划调整，长空一号卫星飞行试验暂停。但对提高接收信号定位精度的研究工作仍继续进行，并取得了多项预研成果。

长空一号卫星虽然由于多种原因被调整下马，但它的经验和教训为上海日后的卫星研制打下了一个坚实的基础。可以说，正是有了长空一号卫星的一段研制经历，才使得上海以后能够承担风云气象卫星系列、遥感卫星系列等多品种卫星研制任务，才使得上海能够成为我国适度规模的卫星研发基地，并为我国卫星事业的大发展贡献力量。

孟执中

孟执中院士传记

Academician Meng Zhizhong's Biography

第八章

科学的春天

“科学的春天”是老一辈科研人员最温暖的记忆，成为新中国科技史上具有转折意义的标志性符号。孟执中等人走出国门，了解国外卫星研制情况，准备迎头赶上。

1977年9月18日，中共中央发出了《关于召开全国科学大会的通知》。9月21日，中科院在北京首都体育馆召开万人大会，传达《通知》和全国科学大会预备会议精神。

中央自发出召开科学大会的《通知》后，相继召开了全国自然科学学科规划会议和全国科学技术规划会议，制定了《1978—1985年全国科学技术发展规划纲要（草案）》。各省、市、自治区和国务院各部门都很重视这次大会的召开，积极推选了大会代表和特邀代表。各地出现了向科技部门写信、提建议、献成果、荐人才的热潮，仅中科院每天就收到人民来信二三百封。1978年3月18日，全国科学大会开幕，这一天注定要被历史铭记。

1. 最温暖的记忆

1978年3月18日，孟执中作为上海航天局卫星专家出席了全国科学大会。当他来到人民大会堂时，看到会场内挂满了红旗，主席台上悬挂着郭沫若为大会题写的“全国科学大会”的横幅。在主席台就座的除了各部委、解放军各总部和国防科委的负责人，大会领导小组成员，各代表团团长之外，还有老中青科学家。著名科学家钱学森、钱三强、朱光亚也在主席台上就座。五千余名科技界代表相继来到会场，人民大会堂的春光，让孟执中和中国千千万万个科技工作者获得了精神上的重生。

出席这次大会的有包括台湾地区在内的30个省市自治区、国家机关，以及解放军和国防工业部门共32个代表团。参加这次空前盛会的代表中，有来自科研机构、高等院校、工厂、农村、部队、医院的科技人员近3500人，占代表总数的62.3%。科学技术，这一关系到我们民族命运和生存的严肃命题，从来没有得到如此完整、系统的阐述，从来没有如此庄严地列入党和国家的重要议程。

会上，郭沫若发表的《科学的春天》一文，成为中国知识分子解放的宣言，象征着一个科技发展的崭新时代的开始。孟执中在开幕式上聆听了邓小平的讲话，备受鼓舞。当邓小平讲到“科学技术是生产力”“知识分子是工人阶级的一部分”时，孟执中热泪盈眶。是的，科学技术是生产力，这是马克思主义历来的观点，而现代科学技术的发展，使科学与生产的关系越来越密切了，科学技术作为生产力，越来越显示出巨大的作用。孟执中还未来得及继续往下想，耳边又响起邓小平的声音：“能不能把我国的科学技术尽快地搞上去，关键在于我们党是不是善于领导科学技术工作。”

讲到这里，会场上骤然响起暴风雨般的掌声，经久不息。邓小平又说，中国向科学技术现代化进军，要有一支浩浩荡荡的、工人阶级的、又红又专的科学技术大军，要有一大批世界第一流的科学家、工程技术专家，要打破常规去发现、选拔和培养杰出人才。他充满深情地说：“我愿意给科技工作者当后勤部长。”这是孟执中第二次亲耳聆听党的领导人的声音，作为一名科技工作者，他心情异常激动。

邓小平以历史巨人的目光把握住了时代潮流：当代社会生产力的巨大发展，劳动生产率的大幅度提高，最主要的是靠科学的力量、技术的力量。这席讲话在人民大会堂、在神州大地引发了深远而持久的历史回响。

会议期间还播放了世界上一些最新的科技大片。国外的先进技术，使孟执中受到了极大的震撼，更加激发了他的报国情怀。科学大会的召开，如春风送暖，开启了像孟执中这样的一大批中国知识分子命运的一个春天。孟执中至今还将叶剑英副主席《攻关》的诗“攻城不怕坚，攻书莫畏难。科学有险阻，苦战能过关”铭刻在心里。在大会上，一大批科技专家做了大会发言，如物理学家周培源、生物农学家金善宝、第七机械工业部第五研究院孙家栋等。孙家栋做的是关于我国空间事业发展的发言。30 年后，他作为绕月探测工程总设计师，实现了郭沫若在《科学的春天》中所预言的“嫦娥奔月”的设想。

3 月 31 日大会闭幕时，86 岁高龄的中国科学院院长郭沫若在其发表的书面讲话《科学的春天》中说：“我的这个发言，与其说是一个老科学工作者的心声，毋宁说是对一部巨著的期望。这部伟大的历史巨著，正待我们全体科学工作者和全国各族人民来共同努力，继续创造。它不是写在有限的纸上，而是写在无限的宇宙之间。”

2. 改革开放的中国卫星事业

“文化大革命”结束后，中国迎来了改革开放，而科学大会的召开，使中国的卫星事业进入新时期。在国际上，刚刚开放的中国航天引来了世人瞩目。

中国自从 1970 年发射了第一颗人造卫星之后，紧接着又发射了科学试验卫星和返回式卫星，中国航天所取得的一系列成绩，令西方国家有点捉摸不透。他们坐不住了，开始密切注意中国的发展，同时也很想知道中国航天到底发展到了什么程度。而之前的中国，对西方诸国来说是一个落后的国度，中国的航天技术更不在他们的视野中。

20 世纪 70 年代末，中国开始对外开放。1979 年 3 月，经中央批准，上海华银机器厂等单位实行对外开放，上海华银机器厂成为第一批对外开放的航天研发机构。这虽然仅仅是一个窗口，但是机会十分难得，上海航天终于有了与国外航天界交流的机会。国家政策一出，国外各航天代表团便接踵而至，资本主义国家急于了解中国航天并进入中国市场，纷纷组团访华。

1979 年 5 月 6 日，以国务秘书西拉尔为团长的法国空间技术代表团一行 25 人，是最早来访问上海华银机器厂的一批。接着在同年 6 月，美国航空航天局局长率领的代表团一行 13 人参观了上海华银机器厂。之后美国哥伦比亚航天飞机航天员杰克・洛斯马一行 5 人于 1982 年 12 月访问上海华银机器厂。苏联、日本、印度以及欧洲等国家的航天代表团也先后来上海航天局参观访问。

在接待外国代表团的同时，中国也组织了航天代表团出国考察。与各国航天界的交流，为中国航天科研人员打开了一个认识新世界的窗口，增进了他们对国外航天技术发展的了解。

3. 出访日本

1978 年 7 月，七机部在改革开放后第一次组织大型专业代表团出国考察。这个由任新民带队的中国代表团参加了在日本举行的宇宙科学博览会，孟执中是代表团成员之一。对此次考察机会孟执中很看重，因为他知道，通过参加宇宙博览会能了解到国外很多先进的技术。

代表团抵达东京后，入住东京的新大谷饭店，第二天和第三天到宇宙科学博览会参观，然后去东京、大阪附近等地考察学习。在日本，他们参观了日本从事航天科研、开发和应用的部门，主要有日本宇宙开发事业团的空间中心，东京大学的航天研发机构，以及承接航天产品的各大公司，包括承接通信广播卫星的东芝集团，承接通信和静止气象卫星地面站的日本电气股份有限公司，开发与制造航天器的碳纤维材料的东丽卡公司，并访问了静止气象卫星的地面站和数据处理中心。

日本宇宙开发事业团是日本政府管理航天事业的机构，它负责日本的人造卫星和运载火箭的开发，推进空间试验，推动从卫星上接收的遥感数据的利用和火箭卫星的发射和跟踪，以及为未来发展进行基础技术的研究和开发。到1978年，日本宇宙开发事业团已开发和发射成功了N1火箭，同时开始研发N2火箭。日本宇宙开发事业团负责研发的卫星有葵花号（静止轨道气象卫星、通信卫星）和百合花号（广播卫星）。日本的气象卫星是向美国订购的，在美国发射成功之后，移到日本使用，为亚太地区的气象预报提供信息。

这个时期，日本的卫星大多是美国制造。卫星整体组装多在美国，直接由美国发射，交付日本使用。也有个别的卫星运到日本，用日本自己的火箭发射。其中有一部分卫星上的仪器由日本研发和制造，装备卫星上天使用。

日本的东京大学此时正在研究、开发微小固体火箭，也称铅笔火箭，三级、四级均有，主要用来进行探空试验。孟执中在实验室里看到了火箭样品。

中国代表团在日本三周多的时间里，除参观考察外，也游览了京都、奈良和富士山等地的名胜古迹。之后，代表团大部分成员返回国内，留下的代表团团长任新民和几名随行人员，包括翻译等继续进行访问活动。孟执中在代表团里临时担任财务出纳，也随代表团参加后续活动。

代表团从东京乘新干线高速前往日本南部的九州岛，参观日本卫星发射和地面跟踪台站的设施。日本发射场地方不大，就在海边，卫星起飞后向东南进入海洋区域。一年中大多数时间，只有少量的勤务人员管理场内的建筑和设备，没有其他的工作人员。每当执行卫星、火箭发射任务时，临时组成工作团到发射场执行发射任务，所以人员和开销都很节省。孟执中在参观时，见到的人也很少，接待和讲解的人都是临时找来的。

1978年，代表团在日本宇宙科学博览会留影（左一为孟执中）

代表团一行到日本南部参观，最使大家惊叹的是往返于东京和九州岛之间的新干线高速列车。列车外形与现在国内的高铁相似，车速虽然很高，但在乘车时感觉很平稳，车内也很舒适。代表团一行乘上了每小时200多千米的高速列车，除了空气在车窗外的一点点摩擦声外，听不到一般火车开动后有节奏的响声。

这对孟执中来说是一段难忘的旅程。要知道，中国这时的火车平均时速60千米都不到，当过山洞时，蒸汽机头喷出的水汽和煤气能让人窒息。

为充分体验日本现代工业和现代农业的飞速发展，代表团一行又去东京以北地区访问，参观了城镇和农村，看到了日本城市、农村人民现实的生活情况。在日本停留的最后时间，他们也接受了日本的民间团体和公司邀请，与之进行了友好的会面。

这是孟执中第一次出国访问资本主义国家，第一次看到了日本人真实的生活。孟执中对日本原本没有什么好感，这次为期三周多的访日活动，他心中也一直存有对日本侵略者难以抹去的痛恨。但在与日本人民面对面的接触和交流之中，孟执中感受到，很多日本人对中国人民还是友好的，日本军国主义只存在于部分日本人中，不能代表全体日本人，所以中国还是应该与日本人民友好往来，谋求共同发展。

在日本访问时，代表团大部分时间住在东京市中心离东京银座不远的新大谷饭店，每天傍晚都可以到附近街上观光。令孟执中惊讶的是，日本在战后不到 30 年的时间里，已经走出战败的阴影，恢复了繁荣的景象。日本为了防备地震的破坏，摩天大楼确实不多，但整洁、漂亮的楼房比比皆是。这里交通发达，人民生活看来十分富足，商店里摆满了日本国内制造的各种电子、电器商品。松下、索尼、日立、夏普、三菱等大公司生产的家用电器既美观又实用，令人目不暇接。

中国和日本都是 20 世纪 60 年代开始研发半导体晶体管产品，到 70 年代，中国国内家庭还很难拥有电视机，而在日本，高级电视机已经基本普及，且款式多样。在观光中，代表团成员都对日本的微小型计算器很感兴趣，因为当时孟执中他们在研发工作中，用的还是计算尺和机械计算机。经过多次比较，代表团有成员在回国时，不惜花了出国补贴的大部分钱（大约十几美元）买了一个卡西欧计算器。

孟执中记得在抗战时期，城市里多次抵制日本货物。当时日本货是表面好看，但是实际质量很差，中看不中用，“东洋货”成了质量不好、不耐用的代名词。这次孟执中到日本一看，感到今非昔比，日本制造的商品不仅性能好，质量也很好，而且使用方便。日本人自强不息、勇于改革创新的精神还是值得称赞的。如果日本能够彻底放弃军国主义，反省对邻国人民所犯下的侵略行径，走和平相处友好交往之路，会取得更大的发展。

孟执中（左）等在美国休斯敦机场

4. 出访美国

美国代表团归国后不久，中国宇航学会就得到了美国宇航学会的邀请。美国宇航学会安排了一个月的行程，包含从美国的东部到西部，参观美国航空航天局主要研究单位以及各大航天公司的火箭、卫星。

1980 年年底，七机部组织了第二个大型专业代表团，代表团成员包含七机部及北京、上海、西安和试验基地等航天研制单位的有关领导和技术人员，由中国宇航学会副理事长周晓华任团长，孟执中很幸运地进入了这个代表团。这个代表团中技术人员只占少数，孟执中和几位技术人员似乎多了点压力。去什么单位，能吸收人家多少东西？回国后怎么做？

中国当时正在研制通信卫星，因为之前一些重大的国际活动、大型体育赛事的转播，经常因租借卫星的时间限制，导致最后精彩场面看不上，因此，孟执中非常想了解国外的通信卫星研制情况和技术状况。对孟执中来说，走出去开开眼界，尤其是到头号航天大国去学习，是向往已久的事。这次访问时间长达一个月，机会难得。

到美国去的空中交通当时还不是很方便，代表团先从北京出发，飞了十几个小时到法国中转，在巴黎的中国驻法国商务参赞处逗留了两天。附近有一个规模较大的超级市场，可是孟执中口袋里只有上飞机前单位发的 30 美元的生活补贴费（1 天 1 美元），他不知道这点钱能买点什么，所以没有去。最后，孟执中在法国大使馆的小卖部里，看到一块野马牌手表，价格是 20 美元，于是便硬着头皮买下了这块手表。他对时间很珍惜，总是严格按时间来安排自己的日常工作和生活，这块手表后来在很长时间里成了他生活中不可缺少的一部分。

前面 7 个小时的时差还没倒过来，中国代表团又从戴高乐机场起飞，飞越大西洋到了美国纽约，历时 12 小时。白浪冲击海湾，大桥跨海耸立，高楼直冲云霄，现代化的纽约以摩天楼群的雄姿展现出来。到酒店住下时已经是晚上了，透亮的灯光将市中心照得如同白昼，标志着西方的繁荣。

就这样，孟执中随中国代表团在美国东部的纽约、华盛顿特区开始了第一阶段的访问。美国宇航学会的接待人员叫 Stone（大家都叫他石头），他和另一位懂中文的女士领着代表团开始了一个月的参观访问行程。

在美国东部，代表团参观了属美国航空航天局的戈达德航天飞行中心，以及美国通用动力公司、美国无线电公司等单位。当时，美国通信卫星的发展方兴未艾，这些公司不仅集卫星产品的研究、设计、生产、试验于一体，而且能自行对卫星运行期间的状况进行管理。他们的创造性和先进技术，他们的高效率和勤奋精神，给代表团成员留下了深刻印象。能细致参观这些先进的航天单位，也算是尼克松访华效应的延续，他们的热情和友好让中国代表团成员很感动。

在东部参观访问期间，有两个大型活动令人难以忘怀。为了欢迎中国代表团到访，美国宇航学会举行了一个盛大的欢迎大会，与会的有数百人之多，人员范围很广，气氛也很热烈。大家自由自在地站着，在双方代表发表了简短的讲话后，便互相找对象聊天、喝饮料、吃点心，很放松，不像国内会议那样正襟危坐、气氛庄重。美国航空航天局中有不少华人，他们也参加了欢迎大会，大家一见面就有点亲切感。不过初次见面不免有些拘谨，说话还不能正常放开。

在东部，代表团还参加了另一个盛会。当地的卫星通信公司正值与中国国内的卫星通信接收系统联网，借助中国宇航学会访问美国之际，美国无线电公司携有关企业举行了一个盛大的招待会，一是欢迎中国宇航学会代表团访问美国，二是现场在大屏幕上展示中美卫星通信业联网的实况，即时把中国会议的盛况，通过美国通信卫星传到宴会厅。当大屏幕上出现中国国内现场实况时，全场欢呼雀跃，共同享受卫星通信技术应用的崭新成果，豪华的宴会厅被中美友好、中美合作的气氛所覆盖。这是孟执中第一次感受到航天技术应用的巨大效果。

美国无线电公司是美国顶尖公司之一，在当地很有影响。它也是美国首批参与航天事业的大型公司，制造了美国几代气象卫星（包括民用和军用），它是美国多种通信卫星研发的先驱者。而对中国来说，美国无线电公司的业务和品牌在解放前就已经遍布全国。

美国无线电空间中心位于美国新泽西州普林斯顿大学的旁边，在参观美国无线电公司的同时，代表团也参观了风景秀丽的大学园区和实验室。这次美方接待中国代表团的施耐普教授，是美国无线电公司气象卫星的主管。他是不久前美国访华航天代表团的成员，在上海参观访问了华银机器厂，参观了卫星总装测试厂房和正在研制中的气象卫星，对中国卫星研制情况有一些了解。

施耐普教授在接待中国代表团参观访问时热情周到，亲自向代表团介绍了美国无线电公司对极轨气象卫星的研发情况，并带领中国代表团参观了美国第三代业务气象卫星 TIROS-N、军事气象卫星 Bloch 5D 的卫星测试厂房和正在测试中的卫星，以及卫星部件装配车间和大型环境试验设备。在参观过程中，施耐普教授耐心地解答中国代表团的提问。尽管他的回答有所保留，但仍给了代表团成员很大的启发。

访问美国的第二站是坐落在美国南部的休斯敦美国载人航天研究中心，重点是约翰逊航天中心。这个中心是美国航空航天局的龙头单位，负责载人飞行总体设计，大型综合试验和在轨运行的测控和管理。这个中心也是热门的旅游中心。

中心建筑物前广阔的绿地上没有围栏，矗立着两枚土星运载火箭，十分壮观，像两条巨龙伏在大草坪上，这是曾用于阿波罗飞船登月发射的运载火箭。进入测控大厅，首先映入孟执中眼帘的是正面巨大的多幅彩色屏幕，显示着很多数据和曲线，这是飞行器在飞行过程中的多类参数。这里指挥和控制过多次登月飞行，指挥和控制过天空实验室和不计其数的重要卫星的飞行。

这里还接受普通民众的参观，让民众可以走近神秘的航天，了解航天，共同感受航天取得的巨大成就。琳琅满目的航天产品实实在在地展示在每一个参观者的眼前，让孟执中感到很新奇。之后，代表团又应邀参观了这个中心陈列的其他大型试验设备，以及几架航天飞机的结构产品。

在美国访问的第三站是卡纳维拉尔角肯尼迪航天中心，那里是为阿波罗登月任务而建设的，正在做航天飞机发射前的准备工作。

进入发射场之前，代表团首先参观了巨大的供参观用的场地，那里有像体育场那样的一层层看台和露天火箭陈列场，美国的各类火箭陈列其间。这是一个特殊的旅游景点，和休斯敦一样，美国主要的航天设施尽可能为民众提供良好的参观条件，让航天器的发射融入社会，融入老百姓，也融入商业。

进入发射场后，就见土星五号火箭横卧在100多米高的总装厂房前，好像总装厂房的守护者。绕过火箭进入总装厂房，厂房里有两个巨大的产品吸引着大家，一个是直立着的、由五段舱体组成的固体火箭助推器，另一个是厂房右前方矗立着的第一架航天飞机哥伦比亚号。远远地可以看到，工作人员正在粘贴防热瓦。航天飞机返回穿越大气层时，外表要经受1000多摄氏度的高温，防热瓦是保障航天飞机安全返回的“防护服”。

代表团还参观了巨大的发射架、加注的各种设施、发射控制和数据处理设备等。海边高高的发射架上竖着防雷针，那里是雷电高发地带，发射架两边横卧着几个球形的燃料贮箱和氧化剂贮箱，似乎正在等待着第一架航天飞机的光临。发射架在蓝色海水的映衬下，显得特别雄伟。在肯尼迪航天中心参观是美国之行的高潮。

美国的航天技术研制单位遍布全国，代表团离开了东南角的肯尼迪航天中心，又乘飞机到了西部的洛杉矶，在那里享受了“全家福”。他们首先参观了波音公司的航天部分和麦克唐纳公司的几种“名牌”运载火箭。在西部，代表团看到有名的休斯飞机公司和福特汽车公司也在研制卫星，而且不仅为国内用户研制，也为国外用户研制。他们在传统产品、传统技术中派生出的新技术让人耳目一新。

代表团参观了福特汽车公司为印度研制的一颗通信兼对地观测的综合应用卫星，美方允许代表团成员走到卫星旁边仔细观看。印度和美方的合作很特别，印度的科技人员可以无约束地参加福特公司的设计和生产，其中很多配套产品由印度来提供。这样，通过这颗卫星的合作研制，印度也为自己研制应用卫星做好了准备。这种合作方式让人很惊讶。

这次访美收获不小，代表团对美国的航天有了一个系统的了解，看到了他们的规模和实力。对孟执中来说收获最大、印象最深的是在美国无线电公司对极轨气象卫星的参观。通过对美国无线电公司卫星实物和制造、试验场所，以及设备条件的参观，孟执中对美国的极轨气象卫星有了比较全面的了解。尽管有种种限制，孟执中看到和了解的情况只限于卫星的总体性能，卫星的外形外貌和应用效果，而技术细节，尤其是关键技术、制造工艺，美方是不给介绍的。但是这仍给当时正在主持研制中国自己的极轨气象卫星的孟执中很大帮助。实际上，我国的极轨气象卫星研发的目标正是瞄准美国的极轨气象卫星的。这次访问让孟执中看到了两国气象卫星在技术上的巨大差距，增加了他要尽快跟上这一目标的紧迫感。

5. 从车间到研究所

上海卫星研制工作最早是在上海汽轮机厂的一个车间开始搞起来的。1969 年 12 月，该车间被称为“701”车间，工程代号“4101”。该工程管理隶属上海机电一局，为上海航天基地卫星设计研制的总体单位。1970 年年初，“701”车间迁至华银路 251 号；1978 年 3 月，从汽轮机厂独立出来，改为上海华银机器厂；1982 年 7 月，改建制到七机部五院，更名为上海卫星工程研究所，简称“509 所”，孟执中任所长。

“701”车间从一个车间经过 30 多年改建和不断扩充，成为一家卫星总体研究所。从当时几年才能研制一颗卫星，到现在六星研制并举，并在一年中成功发射三颗到四颗卫星；从过去只有单一品种的卫星，到今天多系列、多品种卫星同时并行研制。通过当年一个普通车间发生巨大变化的侧面，可以看到我国航天事业所取得的辉煌成就。

509所建所以来，成功研制并发射了长空一号技术试验卫星、风云一号极轨气象卫星、风云二号地球静止轨道气象卫星、风云三号新一代极轨气象卫星和空间技术试验卫星、遥感卫星、萤火火星探测器等28颗不同用途和类别的卫星，形成了气象与环境监测卫星、实践系列卫星、雷达卫星系列、新技术与试验卫星四大领域内八个系列的型号任务。

在509所成立30周年时，时任所党委书记的朱二大在会上做了发言。他动情地说："孟执中当所长时的这一任领导班子，可以这样讲，他们保住了这个单位，这就是他们的贡献。"

粉碎"四人帮"以后，中国航天业并不景气，上海如果没有卫星发射任务，长征四号火箭也就没有了任务。509所领导班子在这件事情上态度坚决，一定要争取到任务。

上海市经委（以前称工业生产委），一批一批领导来调研，看这个单位到底搞什么比较合适。所领导班子的观点是，如果不搞卫星，原先科学院来的这拨人不会待在上海，因为没地方发挥作用。搞民品，不是他们的特长；搞电机，又不是他们的专业；弄点产品来加工，有点收益也都开销掉了，也不是个办法。这时科学院想搞探空一号卫星，碰巧得知的所领导班子便找到国防科委，全力去争取这项任务。经过努力，他们终于争取到了"风云一号"研制任务。1982年10月以后，研制计划经费有了，"风云一号"任务确定以后，"风云二号"任务也很快定了下来。

孟执中

孟执中院士传记

Academician Meng Zhizhong's Biography

第九章

风云卫星观风云

孟执中从1981年开始，主持风云一号卫星研制工作，1983年担任该卫星总设计师，十多年卧薪尝胆，把自己的一生与浩瀚的太空连在了一起。

中国地域广阔，地理环境和气候条件极其复杂，气象成为影响人们生产生活的最重要因素之一。因此，用更先进的卫星技术手段进行气象预报和灾害监测，以减少灾害带来的损失，成为气象卫星科研人员的不懈追求。用航天高科技手段掌握气象规律，从而造福于人们的生产生活，成为我国发展气象卫星的初衷。

1. 展风云之志

浩渺宇宙，群星璀璨。1957 年，苏联成功发射了世界上第一颗人造地球卫星。次年 5 月，毛泽东主席豪迈地提出“我们也要搞人造卫星”。自此，中国人走上了自主研发人造地球卫星之路。新中国伊始，人力、物力、财力有限，究竟发展什么样的卫星，成为一个值得深思的问题。

20 世纪 70 年代，我国卫星研制生产技术总体水平远远落后于世界发达国家，跟踪和学习成熟的气象卫星技术成为发展捷径。但是，中国的科学家们一刻也没有忘记这一使命——怎样才能在技术引进、消化吸收、继承和创新中，走出一条自己的气象卫星发展之路。

国内气象界有两种观点，一种是主张自主研制气象卫星，认为自主研制气象卫星，是一个在世界上有重要影响的大国应该具备的能力，而且气象卫星的研制，还能带动一系列相关学科的发展。另一种是主张到先进的西方国家买星，认为在中国气象卫星刚刚起步的时候，从国外购买气象卫星比较经济。在航天系统内亦比较流行“造星不如租星，租星不如买星”的观点。

国家气象局局长邹竞蒙力排众议，极力倡导发挥和利用我国的航天科技力量，研制“中国制造”的气象卫星。正是由于邹局长的大胆决策，敢于承担巨大风险，多方奔走，争取支持，才使得风云一号气象卫星得以上马，卫星的研制工作才能全面展开。

1969 年 1 月 29 日，周恩来总理高瞻远瞩地提出“要赶快改变落后面貌，搞我们自己的气象卫星”。1970 年 2 月，周总理亲自批准中共中央、国务院、中央军委文件，下达了研制气象卫星的任务，在上海地区开展太阳同步轨道气象卫星的研制。1972 年 3 月，气象卫星研制正式纳入国家计划。

1972 年到 1975 年间，总参气象局和国家气象局先后多次来上海商讨发展我国气象卫星的问题。1974 年，“701”车间正式组建技术队伍，对我国第一颗极轨气象卫星开展预先研究，并由中科院技术物理所等单位进行卫星有效载荷、可见光红外云图探测器等关键技术和仪器的技术攻关。经过两年多的努力，在 1977 年形成了初步的卫星总体方案。

国防科委根据党中央批准的《关于 1980 年前战略导弹和人造卫星及运载工具研讨安排的请示报告》的精神，于 1977 年 11 月在上海召开了气象卫星大总体方案论证会，即“7711”会议。这次会议统一了对气象卫星研制工作的认识和指导思想。在会上，邹竞蒙局长充满激情地做了气象卫星的需求报告，并力推这项工作的开展，至今令孟执中印象深刻。

卫星总体部根据使用技术要求、预先研究提出的方案设想和各方面的技术和物质条件，综合分析了可供选择的各种技术途径，提出了《风云一号气象卫星总体方案（初稿）报告》。报告中进行了技术指标的可行性论证，提出了对卫星研制指标的建议。

会上还明确了卫星、火箭、发射场、地面测控网站、地面资料接收和处理台站各主要方面的分工和工程计划进度，对卫星各分系统的研制工作也进行了协商和安排。这次会议对全面开展气象卫星的研制起到了很大的推动作用。会议正式上报将我国第一颗太阳同步轨道气象卫星命名为“风云一号”。

在“7711”会议之后，卫星各分系统进行了方案设计和模样机试制。上海市国防科工办于 1978 年 12 月在上海召开了气象卫星总体方案复审和技术协调，即“7812”会议。与会代表对气象卫星总体方案进行了复审，并在各分系统模样设计的基础上进行了技术协调，这次会议进一步促进了风云一号卫星模样机的研制。

上海气象卫星的研制队伍是从 1974 年 10 月开始组建起来。随着卫星工程各大系统研制工作的开展，设计和生产协作单位的不断扩充，到 1977 年 11 月“711”工程大总体论证会时，气象卫星工程研制队伍才系统地建立起来。明确“711”工程五大系统总体单位分别为：上海新中华机器厂负责运载火箭总体；汽轮机厂“701”车间负责风云一号气象卫星总体；国防科委西安卫星测控中心负责卫星测控总体；国防科委太原卫星发射中心负责卫星发射系统总体；国家气象局卫星气象中心负责卫星资料接收应用系统总体。

上海基地以“701”工程研制、协作单位为基础，迅速组成了卫星研制的配套协作队伍，并由上海市国防科工办“701”办公室负责日常研制工作的协调与科研生产计划调度。

1981 年年初，国家空间技术发展计划和研制组织体制进行了调整，风云一号卫星研制队伍也做了相应的变动。卫星总体设计单位在 1982 年划归五院，成立 509 所。上海机电二局承担部分配套任务，新宇电源厂承担电源系统，新光电讯厂承担遥测单机，新亚无线电厂承担数传机，机电一局长江电器厂承担星载计算机。除此之外，控制系统由 509 所直接负责，机电二局还要代管 509 所的一些管理工作。

2. 论风云方案

1974 年，卫星方案预研之初，孟执中将主要精力放在与魏钟铨共同主持长空一号卫星的飞行试验工作，俞富源、何正华和倪善明领导的技术小组负责气象卫星的方案预研，拟定了初步的卫星总体方案。

1977 年“7711”会议在上海召开。会前，孟执中以总体部“701”车间主管技术副主任的身份介入气象卫星的研制工作。1981 年 1 月，长空一号卫星研制任务暂停，俞富源调任华银机器厂党委副书记，孟执中接替他主持风云一号气象卫星的设计和研制工作。

孟执中接手风云一号气象卫星研制工作的第一件事就是修改“7711”会议确定的、又经过“7812”会议复审的卫星总体方案。总体方案修改的起因是多方面的。

由于技术的进步，美国的极轨气象卫星自 1960 年发射，并在轨成功运行以来，已经不断地改进和提高，到 1978 年美国又成功地发射了新的第三代 TIROS-N 极轨气象卫星。新一代的卫星比前一代 ITOS 卫星在性能上有很大提高，卫星的核心气象探测仪器——可见红外扫描辐射仪的探测通道的灵敏度和地面分辨率都有很大的提高。

而我国风云一号气象卫星的云图探测仪器是瞄准美国第二代气象卫星性能指标设计的，与美国的新一代卫星差距很大，这样的卫星即使成功运行，在国内外也不会有太多的用户。所以卫星的用户——国家气象局表示了提高卫星性能的愿望。

1980年，孟执中与技术物理所的龚惠兴参加了中国宇航学会访美代表团，重点参观了美国气象卫星的研发基地美国无线电公司，仔细地了解了TIROS-N卫星的技术性能和使用情况，参观了卫星实物，听取了美国方面的介绍和答疑。

孟执中与龚惠兴都感到，我国正在研制的风云一号气象卫星和美国已经成功运行的TIROS-N极轨气象卫星在性能上差距太大。要研制出一颗好用管用的气象卫星，必须追赶国际先进技术。而近几年的预先研究，在红外敏感器件和辐射制冷技术方面已有较好的进展，可以响应用户进一步的要求，研制出新的性能较高的扫描辐射计。

1982年，由于国民经济计划调整和卫星研制的实际情况，风云一号气象卫星原定的1983年的进度计划推迟到1985年以后，借此机会，用户也对卫星提出了新的技术要求。

在孟执中的主持下，卫星总体方案做了三个方面的修改：将扫描辐射计转速由120转/分改为360转/分，图像的地面分辨率由4千米提高到1.1千米，卫星增加S频段实时高分辨率数字云图发射通道；固定式太阳电池阵改为可折叠伸展式，最大限度减小发射时的卫星体积，增加太阳电池阵的使用面积，提高对卫星有效载荷的供电能力；与之相适应的卫星结构和总体布局也做了调整。

1982年2月，上海航天局召开风云一号气象卫星技术协调会，审查了卫星修改方案。10月，航天工业部在上海召开了风云一号气象卫星修改方案审定会，认为修改后的卫星总体方案所涉及的关键设备和关键技术已取得了突破性进展，为实现修改方案奠定了基础，同意了设计方案，并全面开展卫星初样研制。

扫描辐射计三改方案，赶上了国际先进水平，十年跳了三个台阶。1974年，上海技术物理研究所对48转/分低分辨率扫描辐射计进行了三年攻关，研制出原理样机，迈上了第一个台阶。1977年，根据修改后的总体方案接着研制120转/分中分辨率扫描辐射计，经过两年奋斗，又获成功。在上海地区进行校飞试验时，获得较为满意的可见光和红外图片。除红外通道辐射定标精度没有达到 270±1K 的要求外，其他主要指标均达到要求，跟上了当时的国际水平，跳上了第二个台阶。1982 年后，为满足用户新的要求，缩短与国际先进水平的差距，制定了 360 转 / 分甚高分辨率扫描辐射计方案，采取了空间分辨率由 3.6 毫弧度提高到 1.2 毫弧度、光学口径由 124 厘米增加到 200 厘米等 10 项措施后，性能满足要求，跃上了第三个台阶，赶上了国际先进水平。

3. 研制正样卫星

1982 年年底，卫星修改方案经过论证和审查，通过确认。1983 年正式转入初样研制。从 1983 年年初到 1985 年年底，卫星经过各种环境模拟和可靠性试验考核，除太阳帆板解锁展开试验未能一次通过外，其他各分系统和整星都顺利通过考核。

在进行整星电测试过程中，出现了卫星多种无线电发射的高频载波信号对星上的红外地平仪探头和扫描幅度计红外通道的严重干扰，造成整星电测试无法进行。由于当时对星上电磁兼容设计问题认识不足，也无具体的工程设计经验，因此孟执中感到非常为难。在经过仔细观察和分析后，孟执中召集卫星总体测试的技术人员进行讨论，配合技术物理所的翁垂勋等同志一起查找问题。

电磁兼容问题本身就很棘手，看不见摸不着，故障现象还不是总会复现。怎么办？孟执中凭借自己所掌握的理论知识和工程经验，带领其他人员一起寻找干扰原因，开展采取抑制干扰措施的试验。有时一连在卫星测试厂房和技术物理所的实验室内连续工作好几天，顾不上吃饭，顾不上休息，前后用了近四个月的时间，才彻底解决了这一难题，保证了卫星试验的顺利进行。

1985 年，国务院和中央军委批准“风云一号”研制任务书，将其确定为国家重点型号工程。1986 年 1 月卫星转正样研制，7 月完成正样设计，冻结技术状态，投产研制合练星、正样星和发射星。1987 年 6 月，正样单机进行 720 小时高温老炼试验。1987 年 10 月至 1988 年 2 月，分系统交付验收，进行正样星总装、安装精度和质量特性测试，以及电性能测试、剩磁测试与磁补偿、正弦扫描振动与噪声试验、热平衡与热真空试验。1988 年 3 月，将正样星改装成第一颗发射星，并完成发射前的试验工作，发运到太原卫星发射中心进行首次发射试验。

孟执中从 1981 年开始，主持风云一号卫星研制工作，1983 年担任该卫星总设计师，十多年卧薪尝胆，把自己的一生与浩瀚的太空连在了一起。

4. 突破关键技术

“风云一号”姿态控制分系统预先研究和方案论证由王弥惠负责。当时提出了一个三轴正交安装三个飞轮控制的设计方案，并且借用了 502 所的单轴气浮台进行单轴实物模拟试验，确认了方案的可行性。方案所涉及的硬件反作用飞轮，由上海交通大学电机系负责研制；液浮测速陀螺是借用原长空一号改进型卫星选用的产品，由上海交通大学精密机械系负责研制表头，509 所三室负责配制电子控制电路和马达电源；地平仪继承“长空”型号采用的由上海技术物理所研制的产品；控制计算机用新卫厂在“长空一号”的程控计算机基础上改进研制的产品。

80 年代初期，国家改革开放的春风吹遍祖国大地，国民经济飞速发展。但相对国家经济发展而言，航天领域的发展相对滞后，技术人员收入较低，普遍不太安心继续从事航天技术研究工作，社会上“搞导弹的不如卖茶叶蛋的”现象流行很久。许多学有专长的技术人员为了提高自己的生活水平，增加自己的收入，搞起了社会兼职，有的则干脆辞职下海办公司。孟执中所率领的技术团队正是在此种情况下开展我国第一颗气象卫星研制工作的。

分系统研制进入初样阶段后，王弥惠调上海交通大学工作，姿控分系统的总体设计和研制工作由洪之回接替，王秀才配合。洪之回因“下海”办公司离开工作岗位后，徐福祥接替了他的工作。徐福祥原在华银机器厂负责卫星产品振动环境试验，担任该工程组组长。虽然不是学的自动控制专业，但他知识面广，技术功底扎实，善于学习和掌握新知识，技术和组织能力都很强，是一位难得的优秀科技研发人才。经孟执中推荐，安排他接替洪之回的姿控分系统工作。他从不知情到全面掌握，只花了不到半年的时间，就顺利地接过了风云一号卫星姿控分系统的研制任务，成为孟执中的一个主要助手。

孟执中虽然不具体承担“风云一号”姿控分系统的研制工作，但接替工作的同志大都是第一次从事控制系统的设计工作，缺少实际经验，所以孟执中在卫星姿控系统的研制中，亲自参与，重点关注，从方案的设计、各研制阶段的技术攻关，到仿真和考核试验，他都给以具体指导。直到徐福祥全面接替掌握工作之后，他才脱身出来。

卫星电源分系统是决定卫星成败的关键系统，尤其是太阳帆板的展开机构，因长期工作在 ±90 度的高空环境中，对其工作的可靠性要求很高，在国外卫星上是故障率最高的产品之一。20 世纪 70 年代，长空一号卫星的主电源采用银锌电池组，寿命只有 8 天，为搭载试验用的太阳电池为体装式，功率只有 12 瓦，是一个试验项目。风云一号卫星要求供应几百瓦的电功率，而且要求电源的寿命在一年以上。为此，509 所在卫星总体方案修改时，将太阳电池阵结构从简单的摇臂展开改为多层折叠式解锁伸展的方式。

在卫星上采用大面积固定压紧折叠式太阳电池阵，在我国还是第一次。一切从头开始。在太空环境中，电池阵自动解锁、伸展和锁定是一项难度很高的新技术。电池的基板，同步机构提供伸展动力的盘式弹簧都经过广泛的调研，反复试验。确认可使用性的帆板伸展机构要做模拟轨道飞行时的失重状态下的试验，也是关键项目。研究所把这个任务交给509所黄爱生领头的研制小组。

他们遇到的第一个难题是没有模拟试验装置，无法进行仿真失重条件下的伸展试验。怎么办？孟执中对此也是一筹莫展。在此情况下，孟执中一方面努力地回忆着去美国参观考察的每一个细节，想从自己所参观考察过的记忆中搜寻出一点蛛丝马迹，另一方面到处查阅所能检索到的这方面的参考资料。皇天不负有心人，孟执中费尽周折从有关资料上查到了一张国外太阳帆板试验的气浮台照片，并仔细琢磨。黄爱生看了这张照片后豁然开朗，也有了解决问题的思路，提出了建设自己的气浮台的建议。

技术人员经过精心设计和制造加工，选择了两组“零级”花岗岩平台、气垫组件、气源、软塑料气管和支承托架等组成的试验装置，解决了结构重力和气浮力平衡的难题，投入试验获得成功。这套气浮台的模拟装置，简单实用，仿真效果好，不仅解决了风云一号卫星的问题，而且为以后卫星做类似试验提供了宝贵的经验，受到了多方面的好评。

结构、机构的改变，技术难度很大，时间又很紧迫。孟执中对机械结构方面的知识比较薄弱，但因为是关键项目，孟执中也亲自参与了攻关工作。他边学边干，深入基层了解研制的情况，提出自己的意见，帮助攻关小组解决困难。在太阳帆板结构、机构的攻关试验过程中，每个重要环节孟执中都亲自参与，尽他所能提供一些参考意见。

按设计要求，锁紧臂需开锁后旋转180度再固定在卫星上。但有一次在卫星帆板锁紧展开试验中，孟执中发现被固定在卫星上的锁紧臂有小部分落在扫描辐射计的辐冷器视场内，如果不排除这一缺陷，在空间将影响辐冷器的降温效能。经过孟执中提醒，设计人员作了修改，避免了上天后辐冷器的性能变差。

就在孟执中带领全体研制人员全身心攻关解决研制难题时，黄爱生的妻子患重病住院。在研制工作最紧张和关键的时刻，黄爱生白天在所里攻关，晚上还要去医院看望和护理病重的妻子。孟执中看在眼里，疼在心上，总想机会安排老黄多抽点时间去照顾生病的妻子。但老黄把沉痛压在心底，把精力扑在太阳电池阵上。

一年以后，太阳电池阵成功了，老黄的爱人去世了，老黄毅然进入太原卫星发射中心。在基地工作时，老黄也被发现得了食道癌，基地的医院要求他立即返回上海治疗，但他仍然要求继续工作。直到试验队领导下命令，逼他回上海，老黄才回沪进行系统治疗。

三个月后，卫星发射成功，当太阳电池阵通过上海新宇电源厂研制的1万4千多块太阳能电池把800瓦的电源电流源源不断地送给卫星工作时，孟执中感慨万千。他一回到上海，便带着成功的喜报和同事们的祝福专程去看望老黄，对老黄为卫星成功所做出的牺牲和所付出的辛勤劳动表示感谢。

几十年的风风雨雨，有多少航天人为了祖国的航天事业默默无闻地忘我奋斗……

5. 五大系统同步建设

1977年11月，在上海召开了卫星工程第一次大总体方案论证会，对卫星总体方案和各大系统进行了技术协调和论证，确定气象卫星工程的代号为“711”工程，将太阳同步轨道气象卫星命名为“风云一号”，明确任务的分工，确定卫星工程研制生产的主要协作单位。

1985年10月，国防科工委将“711”工程列为“七五”计划的重点型号。1986年8月18日，国务院、中央军委批准风云一号卫星研制任务书，指出风云一号卫星是国内第一代气象卫星，主要任务是获取全球的气象云图和海洋资料，用于天气预报、气象和海洋科学研究，为国民经济和国防建设服务，并要求于 1988 年 6 月实施首次飞行任务。

“7711”会议明确的五大系统为风云一号卫星、长征四号甲火箭、太原卫星发射中心、测控中心和测控站，以及三个地面云图接收站和处理中心。卫星、火箭是新研制的；地面站也是新建的；发射场和测控系统是在原有的基础上，新添少量的适应性改建项目。

风云一号气象卫星是一颗太阳同步轨道气象卫星。太阳同步轨道的特点是卫星轨道平面绕地球自旋轴旋转的方向与地球绕太阳公转方向相同，旋转角速度等于地球公转的平均角速度，卫星的轨道平面与太阳光的照射角始终保持不变，其轨道倾角大于 90 度，通过地球两极附近的太阳同步轨道，又通常被称为极地轨道。极地轨道气象卫星的轨道高度一般在 650~1500 千米。由于卫星经过地球两极附近可以实现全球观测，所以太阳同步轨道和地球同步轨道是进行卫星气象观测的最佳轨道。

太阳同步轨道能以同样的本地时间经过地球上的相同纬度的每一个点，所观察的地面目标始终处于相同的日照条件之下，只在不同季节才会有所变化，这正是气象观察所需要的。另外，太阳同步轨道都是近极地轨道，轨道倾角接近 90 度，被它测试的星下点地域在一天之内可以两次覆盖全球。由于光照的有利条件，简化了太阳电池对太阳光的跟踪控制并提高了效率。

风云一号卫星是我国自行设计研制的第一代在极地轨道上运行的气象卫星。卫星在轨运行，全世界各地的气象台在卫星临空时，可以接收卫星发送的地区云图，包括高分辨率模拟云图和甚高分辨率数字量云图。卫星可以在国外指定地区摄取云图，并将信息记录、存储在磁带机内。当卫星飞经我国上空时，向北京、广州、乌鲁木齐三个气象云图接收站实时发送国内地区云图信息，同时回放星上记录、存储的国外地区云图信息。这些云图资料是近期气象预报的重要依据，通过对全球气象资料的分析和处理，可以扩展我国中期气象预报的能力。

第一个风云一号极轨气象卫星初步设计为轨道高度900千米的太阳同步圆形轨道。根据卫星的轨道和质量等情况的要求，“7711”大总体论证会确定三级为四氧化二氮和偏二甲肼推进剂系统的运载火箭，用来发射风云一号太阳同步轨道气象卫星。1978年8月，确定研制“长征四号”作为运载东方红二号地球同步轨道通信卫星的备份方案火箭。1982年，“长征四号”又增加了承担发射风云一号卫星的任务。1984年4月，在长征三号火箭成功发射通信卫星之后，运载风云一号卫星成为“长征四号”的主要任务。

“长征四号”是上海地区独立研制的多用途大型运载火箭。1982年之前称“新长征三号”，第一、二级由风暴一号火箭改进而成，第三级是新研制的。火箭各级均使用四氧化二氮与偏二甲肼常温推进剂。“长征四号”可将1500千克的卫星发射到海拔900千米的太阳同步圆轨道上，该轨道面与太阳光线的夹角始终保持不变，卫星每天绕地球飞行14圈后，又回归到原先位置，使卫星能够在每天固定时间经过确定地点的上空。

“长征四号”主要由上海航天局负责研制，经过广大科技人员、工人和干部14年的艰苦拼搏，火箭于1988年9月7日和1990年9月3日，接连成功地发射了两颗风云一号卫星，开创了中国大型运载火箭首枚一次成功的新纪录，获得了国家科技进步奖特等奖，之后又荣获国家金牌火箭奖。

20世纪70年代，我国发射卫星只在我国西北的酒泉导弹试验基地，卫星发射取向东南的倾斜轨道，卫星发射的动力段和入轨段均在国内上空。为适应此类卫星轨道，在地面布置了地面测控台站和网络。风云一号卫星轨道为太阳同步轨道，射向为南偏西，若在酒泉基地发射，轨道动力段和入轨段都在我国西部青藏高原，并进入南亚地区，而且轨道第二圈卫星飞过我国西部边境，不利于对地面跟踪测控和遥测遥控。

为了顺利完成“711”工程任务，又不对原有的地面测控台站网络做太大的改动，将卫星发射场东移到我国东部偏北区是较好的选择。随着航天事业的不断发展，发射任务将快速增加，建立第二个卫星发射场很有必要。所以“7711”会议之前就选择太原试验基地，作为发射风云一号气象卫星的发射场。

太原试验基地是在原火箭试验训练基地原有规模基础上进行少量扩建后建成的，发射场已经经历了多年的发展，具有进行多种火箭试验和卫星发射的能力。就我国现有的情况来看，在该基地发射太阳同步轨道卫星最为有利，而且该基地的建设还在继续发展之中，执行各种武器、卫星试验和发射任务的潜力很大。

太原卫星发射中心是第一次执行卫星发射任务，原来试验基地的大部分技术设施均可用于执行“711”工程发射任务，除了技术阵地和发射阵地以外，还有指挥控制通信中心，以及布在三地的154-I乙单脉冲雷达站。154-I乙连续波雷达站、光学测量站、计量站，发信台、收信台，调度指挥和数据收集传输处理设备，气象探测和预报设施等，由上述技术措施组成了包括测试发射，指挥控制，航区测量，通信时统，气象保障和各种技术勤务保障等单位组成的完

1988年，孟执中与夫人李珊在太原卫星发射中心参加卫星发射

整的发射体系。到 1988 年发射卫星之前，各种技术条件的建设已经完成，又经过长征四号运载火箭在发射场的几次试车和卫星与发射场区各种技术设施的联调，检验了性能和可行性，也考核了各值岗工作人员的技能和工作程序的正确性和可行性。

地面测控系统是风云一号气象卫星工程的重要组成部分，其任务是对风云一号气象卫星的发射、运行和实施气象遥感提供测控支持。从运载火箭“长征四号甲”起飞到星箭分离，历时 670 多秒，行程 2240 多千米。星箭分离后，从卫星目标姿态的建立，太阳电池阵解锁伸展，星上各种仪器设备的处理，直至卫星投入试验和试用，还需两个多星期的时间，在这一个过程中，地面测控系统要准确可靠地完成火箭弹道和卫星轨道的测量计算，接收并处理火箭和卫星的运行测量数据，监视火箭和卫星的工作状态，保证航区安全，对卫星进行各种必要的指令控制和数据注入，使卫星能够正常工作，实时发送高分辨率模拟云图和甚高分辨率数字量云图资料，记录和回放高分辨率模拟云图资料。

卫星的地面测控工作主要由西安卫星测控中心负责。西安卫星测控中心在任务期间，兼作基地数据交换中心。测控中心及有关测控站承担运载火箭三级飞行段的外弹道测量和卫星运行测量监视任务。在入轨段和运行段直至卫星投入试验和试用，承担对风云一号卫星的运行测试、运行控制以及数据注入等任务。在卫星寿命期内，还要负责风云一号卫星的长期管理。测控中心负责向国家卫星气象中心传递卫星的精轨根数，部分运行测控参数处理结果，时差比对结果，并接收气象中心发来的对探测区域和星上通道切换的要求。

西安卫星测控中心从 20 世纪 60 年代中期开始筹建，经过东方红一号卫星、实践系列卫星，以及回收遥感卫星的实战锻炼，已经建成了完备的有相当规模的卫星测控网络系统，尤其是有一支经过实战锻炼的技术队伍。

由于研制费用紧张，执行风云一号气象卫星任务时，基本上是延用原有的经过发射试验考验的设备和条件，新增和扩建的项目较少。但由于风云一号气象卫星的轨道是近圆极地轨道，而早先卫星的是小倾斜角轨道，再加上风云一号气象卫星是一颗多任务、多用户的应用卫星，而且在全球范围内都有卫星工作状态的改变，需要测控管理的任务多且繁重，大大增加了地面测控的难度和工作量。根据这些特点，在各个台站和网络上做出适当布局调整和任务的变化也是必然的。

资料接收处理系统工程是一项新技术工程，为适应气象卫星探测项目多、信息量大、实时性强等特点，要求系统采用高灵敏度接收设备、高速数据通信和大型计算机等多种新技术，进行资料接收、传输和处理。

其基本任务是：接收风云一号卫星发送的甚高分辨率实时云图，高分辨率实时云图，延时回放云图以及实时、延时遥测资料；实现各站与资料处理中心之间的通信联络，并建立全系统运行的指挥调度；由资料处理中心汇集各站接收的卫星资料，以及测控中心提供的精轨根数、时差数据和北京气象中心提供的常规气象资料，经加工处理后，生成符合用户要求的各类业务产品，并提供用户使用；根据指挥调度及系统分析的需要，处理相关的卫星工程遥测资料；负责资料存档，并开展资料及产品服务，将产品联机传送到北京气象中心、总参气象局等主要用户，并在北京气象中心电讯台统一安排下，将产品分发给全国用户使用；兼容接收处理美国国家海洋大气局卫星的资料。

气象卫星资料接收处理系统由三个气象卫星地面站和一个资料处理中心组成，担负着气象卫星资料的接受、传输、处理和分析应用业务。站网的合理布局，为迅速获取反映大气变化的卫星资料信息，为开展卫星资料和产品服务奠定必要的基础。资料接收处理系统由资料接收、通信传输、资料处理、资料存档服务、时间统一勤务、指挥调度六个分系统组成。

1988年，上海市委副书记芮杏文会见参试人员（左二为孟执中）

6. 首次发射中难忘的“手术”

在古老而广袤的黄土高原上，矗立着一座卫星新城——太原卫星发射中心，中国的古代文明和现代文明在这里历史性地会合。

中心技术区是参加卫星发射任务人员的临时驻地，这里地处黄土高原，生活条件比较艰苦。试验队队员住的地方，是用解放军营房临时改建的，厕所都在房间的外边，是茅草棚结构。夏天茅坑上爬满了蛆虫，冬季的晚上比较寒冷，上一次厕所，也是一件难事。买东西要去比较远的县城，很不方便。

因为受当地条件的限制和经费的短缺，没有进行较大的建设，只将原基地部分职工生活区进行适当改造后提供使用。一日三餐和生活等其他安排由上海来基地的参试单位自行解决，基地后勤部门给予帮助。

1988 年 9 月 4 日，我国第一颗风云一号 A 星即将在这里发射。发射前夕，孙家栋副部长专程为进发射基地的试验队队员做动员。70 多岁的“711”工程总设计师任新民来回于箭、星、基地之间，解决各种技术难题。

当卫星发射进入倒计时，发射塔上，运载火箭推进剂加注完毕。中华大地，西至喀什，南至海南的测控网站全部打开。指挥员发出命令：“5 小时准备！”就在这关键时刻，发射控制中心的控制台上一下子失去了 A 星所有的遥测信号，指挥部不得不决定停止发射。

“刷”的一下，所有目光投向了负责研制 A 星的上海卫星试验队，队员又将目光投向了孟执中。此时的孟执中也在焦急地思考着，A 星怎么了？它还能不能上天？

此时，作为工程总师的任新民果断决定，暂停发射。试验队领导接到命令后，马上组织参试人员在塔架上就地检查，打开卫星的回转平台，卸下卫星整流罩，排除故障。于是，在离地面几十米高的塔架上，孟执中、徐福祥与试验队队员开始了紧张的抢救，为风云一号气象卫星做了一次难忘的“手术”。

第一天，孟执中和徐福祥带领团队的几名队员在发射塔架上查找卫星故障发生的原因和部位。排故人员先是打开了卫星所在位置上的回转平台，吊起卫星风罩，露出上半截卫星，然后用转接电缆，通过卫星上的对外窗口，把遥测机的测试点转接放置在塔架平台仪器上，按操作指南对卫星遥测机进行单独的测试检查，查找故障原因。

在几十米的高空，仅有 20 多平方米的高空平台，四周无遮无拦，而卫星下面是已经加注完毕、装满了推进剂的运载火箭箭体。在这样的环境下去动“手术”，风险很大，每一个排故动作都要极其小心，一不当心就会造成灾难性的事故。所以，工作进展很慢，直到傍晚才查清了故障原因。原来故障是遥测机的 CMOS 电路在特定的情况下发生了“栓锁”。

原因找到了，孟执中他们没有松气，紧接着研究排故方案，并动手排除故障。他们组织人员在塔架上分离卫星前后舱，取下遥测机，送往技术区测试，进行返修工作。徐怀金等几位电装师傅和研制遥测机的技术人员一起连夜紧张工作，把已损伤的元器件拆下来更换，又增加了 50 多个电阻电路，一直到第二天早晨，才完成任务，经过测试合格后，立即送往发射区。重新修复后的卫星被再次装入塔架，并进行整机测试和系统测试，等待重新进行综合测试。

由于火箭之前早已加注完毕，受推进剂重力挤压，外壳涂层已出现皲裂，如果过长时间不发射，后果将难以预料。最让孟执中他们难以面对的是，远在千里之外的北京、上海和全国各地等候消息的各方领导和守候在地面台站的工作人员一次次来电询问卫星排故的进展情况。重重压力之下，愧疚和焦虑升上心头，孟执中真想从发射塔上跳下去。

7. 在太空中飞行的明代“官帽”

1988 年 9 月 7 日凌晨，峰峦般的钢铁塔架，在炽白的聚光灯的照射下，威武地屹立在群山怀抱之中。簇拥着运载火箭的一层层回转工作平台已徐徐打开，乳白色的长征四号甲运载火箭矗立在发射台上，即将托举着我国第一颗气象卫星“风云一号”飞向深邃无垠的苍穹。

北京时间凌晨 4 时 30 分 19 秒，在太原卫星发

1988年，孟执中（左三）和同事们在太原卫星发射中心

射中心，长征四号甲运载火箭成功地将风云一号卫星送入了900千米的太空。“风云一号”首发告捷！当从遥远的地面观测站传来“跟踪正常，太阳帆板打开！”的好消息时，孟执中和全体参试人员流出了激动的泪水。

卫星准确进入901千米高度的太阳同步轨道，姿态控制系统仅用了122.6秒，就完成了对地球的初始捕获，随后折叠伸展式太阳帆板按预定程序解锁、伸展，为整星提供能源。在太阳同步轨道上，“风云一号”卫星的计算机三轴稳定控制系统自如地把“风云一号”的姿势下俯35度，进入工作姿态。

当卫星飞行到1214秒时，卫星的两侧各自弹伸出3块近7平方米的太阳电池帆板，14256片4平方厘米的高效太阳电池，把800多瓦功率的电流输送给风云一号卫星，使之开动各种仪器设备，把一幅幅清晰的云图源源不断地输送到地面。按程序，扫描辐射计的4个可见光通道顺利开通（红外通道是在十多天后，于9月20日开通的），实时将卫星资料通过传输信道发往气象卫星地面站，各地面站立即收到卫星发下的图像。至此，我国第一颗气象卫星风云一号A星获得圆满成功。

遥望蓝天，在深邃的宇宙太空，有一颗并不那么耀眼的人造天体在绕地球飞行。一个由各种探测、通信、遥感、电源等设备所组成的大长方体上，左右各伸出的一个太阳电池帆板，如明代官帽上的帽翅，别有一番景色。屈指算来，到10月10日下午3时，风云一号A星已绕地球飞行了468圈，星上一切工作正常，电源系统良好。这一事实表明：电源已达到了前所未有的新水平。

有了能源，卫星的甚高分辨率扫描辐射计开始用光学机械扫描方式获取地面辐射的景象。辐射计头部由铍金属制成的扫描镜，开始以360转/分的速度对地球扫描。每转一次，地面2360千米宽的景象飞收镜底。获取的图像经过上海无线电通信所研制的高分辨率云图发射机及时向地面输送，广州地面站立即报告，已经收到卫星云图，云图清晰、各种气象资料完整。

中央电视台即将采用我国气象卫星提供的云图来发布天气预报了；世界各国即将收到由中国气象卫星提供的气象资料了。这是一个多么令人兴奋的时刻！为了这一时刻的到来，孟执中和广大研制人员付出了太多的心血。

气象卫星的眼睛——扫描镜是通过迅速转动对地球进行扫描的。转动速度越快，图像越清晰。我国最初的扫描镜每分钟只能转动48转，为了使“风云一号”达到当时的国际水平，技术物理研究所的专家经过四年的苦战攻关，成功地把转速提高到120转/分。但是他们仍不满足，要赶超美国TIROS-N卫星的水平，把转速提高到360转/分。经过拼搏，他们又成功了。

甚高分辨率扫描辐射计，使图像的清晰度和分辨率提高了近10倍，超过了苏联和日本，达到美国80年代初的水平，使我国成为世界上遥感技术先进的国家之一。

孟执中在发射成功后，便风尘仆仆地赶往西安卫星测控中心，从卫星发回的大量数据和清晰的可见光图像中，感受着胜利的喜悦。

8. 看风起云涌

当时，风云一号A星温度控制没有达到预期目标，星内温度偏高。孟执中的副手沈琮是其主要负责人，所以，他心中很是郁闷。孟执中与他一起从西安到北京参加卫星在轨测试，在五院院部，他们碰到时任院长闵桂荣。闵桂荣请他们到办公室，给他们看国外对风云一号A星的评价。

“Excellent!”闵院长指给他们看，闵桂荣用福建口音把这个词说了两遍。孟执中和沈琮心中涌过一股热流：中国的卫星被外国人关注着呢！

就在风云一号A星升空的第39天，意外又发生了。在国家卫星气象中心的云图接收、处理工作室，孟执中正在看卫星接收的云图，这时卫星姿态发生故障，云图慢慢地变得偏斜，最后只留下地球的一条弧线。

卫星失控了。一旁的国家气象局局长邹竞蒙急切地问：还有办法吗？孟执中无言以对，身边的沈琮心中也一阵阵的疼痛。风云一号A星在38天半结束了“生命”，这一失败似利刃，深深地刺痛着他们的心。

风云一号A星是我国第一颗气象卫星，没有安装备份设备，所以只能眼睁睁地目送它消失在太空。

9.享云淡风轻

1988年9月20日凌晨，卫星打开辐射制冷器的防护罩开始发送红外通道探测资料，但地面所收到的红外云图信号比预计值衰减了近65%，这之后信号强度继续下降，红外通道仅工作了两天多的时间，便失去了使用价值。10月15日14时26分，即卫星发射正常运行后的第39天，风云一号A星进入国内上空时，从接收的气象卫星云图上，明显可以发现，卫星沿滚动轴方向严重偏转，卫星姿态失控，导致整星失效，未能达到半年考核寿命的指标。

尽管风云一号A星发射后只运行了39天，但是却迈出了我国气象卫星发展的关键一步。“711”工程总师任新民、航空航天工业部副部长孙家栋、国家气象局局长邹竞蒙都对该星给予了很高的评价。

1988年，孙家栋（前左）在太原卫星发射中心与孟执中（前右）亲切交谈

任新民总师认为，“‘风云一号’的主要设计和科研成果，是中国航天发展中的一笔宝贵财富”。风云一号气象卫星共有12项新技术。我们第一次搞太阳帆板展开，国外在帆板展开上失误了不少次，但这项研制工作我们做得非常好，卫星一入轨太阳帆板就展开了。在收到图像后，大家一致反映很清楚，这很可喜，世界同行反映也不错。第一次应用上必然会存在一些问题，但这与人家用过了我们再用不一样，这里面有经验与技术问题。因此，风云一号气象卫星12项新技术首次应用成功，确实是一个很大的成绩。

孙家栋副部长在总结时认为：风云一号气象卫星是一个很重要的项目，也取得了很好的成果。风云一号气象卫星首次发射成功，尽管只飞行了39天，但基本完成了任务，取得了丰富的资料。通过试验，五大系统的协调．各大系统本身都做了大量的工作，积累了发射气象卫星的宝贵经验，锻炼了我们的队伍，为下一步攀登气象领域新的高峰奠定了很好的基础。

邹竞蒙局长指出：“风云一号”第一颗星的发射成功，标志着我国已进入世界上少数几个有能力研制、发射和运行气象卫星国家的行列。我们靠自己的气象卫星结束了仅仅只能从地面观察天气的历史。应该说，无论从中国的空间技术发展也好，气象科学技术的发展也好，风云一号气象卫星的首次发射成功都具有划时代的意义，它将载入我国气象现代化史册。

邹竞蒙局长分三个方面对风云一号气象卫星首次发射成功做出评价。第一，在太原卫星发射中心第一次成功发射了太阳同步轨道卫星，运载火箭、发射基地都取得了很大成绩。第二，“风云一号”第一颗卫星在国内首次采用了十几项先进的关键技术，而且得到了考验。首次采用这些先进技术并取得了这样的成绩是值得祝贺的，与美国 60 年代的气象卫星相比，我们的起点要高得多。第三，可见光云图质量很高，获得国内外的良好评价。

风云一号气象卫星发射成功的消息传至解放之后第一次在中国召开的规模最大、层次最高的世界气象组织亚洲区域协会的会场时，引起了强烈的反响，先后有 22 个国家和地区的代表即兴发言，致词祝贺。世界气象组织秘书长奥巴西教授说：这颗星对世界气象是非常重要的一颗星，对国际气象合作，特别是对世界天气监视网计划空间观察系统是个非常重要的贡献。苏联代表说：这对世界的发展、为人类服务是个非常大的贡献。英国代表说：将更加仔细地关注中国努力进行的出色工作，这颗卫星不但给我们使用资料的机会，而且在回国之后我们还有机会在晴朗的夜晚看到这颗卫星。

1988 年 10 月 3 日，在西德举行的气象卫星协调会议上，我们放了风云一号卫星接收资料的幻灯片，与会代表报以热烈掌声，也可看出他们对风云一号气象卫星的高度评价。当时风云一号 A 星只飞行了 20 几天，就显示了这样高质量的卫星云图，大家很高兴，表示祝贺。会议留下了幻灯片，准备开其他会议时介绍中国的气象卫星。

从这些情况来看，风云一号气象卫星确实在国际上引起了很大的反响，得到了良好的评价。

几位领导和专家的话，回响在风云一号气象卫星研制人员的耳边，给予了参与研制卫星的人员巨大的鼓舞与莫大的鞭策。

风云一号 A 星在轨正常运行只有短短的 39 天，早期夭折的根本原因，是风云一号 A 星姿态控制系统的设计方案系统复杂，环节多，仪器多，但没有进行可靠性设计，单点失效模式比比皆是。加上单机的可靠性不高，个别仪器发生故障，个别环节出现问题，就会蔓延开来，引起全系统的工作混乱，乃至卫星的失效。这一严重的教训，反映出没有高质量、高可靠性，要侥幸取得卫星的圆满成功是不可能的。

孟执中

孟执中院士传记

Academician Meng Zhizhong's Biography

第十章

在关键设备上增加备份

风云一号A星的夭折，激发了孟执中研制高可靠卫星的决心。在研制风云一号B星时，孟执中与研制人员在关键设备上增加了备份，弥补了A星的不足。

在国家气象局邹竞蒙局长和工程总师任新民院士的全力支持下，孟执中总师和五院副院长韦德森总指挥一起，在B星技术方案上做了一系列的重大调整，各分系统的设计师也以满腔热情投入了B星的研制。有了第一次的教训，在研制风云一号B星时，孟执中与研制人员在关键设备上增加了备份，弥补了A星的不足。

1. 又一次出其不意

1990年5月17日，时任上海市市长朱镕基在百忙之中亲临509所卫星总装厂房视察。孟执中汇报了风云一号B星的研制情况。朱镕基关切地询问："风云一号A星故障原因是否已彻底清楚了？"孟执中回答已经查清了，并采取了措施，做了备份方案。朱镕基说："故障一定要彻底解决，质量是航天工作的生命，寿命是气象卫星的效益。要树立质量第一的思想，每一个细小环节都要严格把关。务必做到万无一失，不留任何隐患。风云一号A星的图像很好，但只工作了39天实在太可惜了，希望今后的气象卫星长寿。"

任新民总师到509所，开完会的孟执中与"风云一号"副总师沈琮陪他走在去食堂的路上，任新民总师以极严肃的口气说："第二颗星的温度一定要控制好，做不好我拿你们是问！"沈琮赶紧回答道："您放心，我们保证做好。"

尽管风云一号A星、B星发射只相隔两年，时间比较紧迫，但针对A星出现的问题，孟执中要求设计师进行反思，在总结风云一号A星经验的基础上，对风云一号B星的技术状态做了修改。修改最大的是姿态控制系统。姿控系统仍以A星的控制系统方案作为主控手段，增加了备份星载计算机和偏置动量飞轮控制的备份方案，增加一整套备份系统。在硬件和软件设计上，采用了多种提高可靠性的手段，并做了可靠性试验，使得姿态控制系统的可靠性有了明显的提高。改进了红外地平仪，利用地平仪的地球左右弦宽的和与差信号，一个地平仪得到两个轴的姿态信息，并在CMOS电路中采用防单粒子翻转和闩锁的措施。为解决扫描辐射计红外通道受水汽污染问题，改造了发射场的测试环境，同时增加了辐射制冷器二级冷块加热去污措施。

应该说大家都尽力了。沈琮和负责电源系统的冯铁荣等一起搞清了镉镍蓄电池的充放电温度特性后，孟执中指出要模拟电池在太空工作的温度条件，在地面做充分试验。根据这一指导思想，沈琮复现了卫星在轨时的充放电故障现象。试验结果基本满足了韦德森提出的"为了提高可靠性，蓄电池的温度控制不能超过25摄氏度，最好给电池温控'吃小灶'，不超过20摄氏度"。这一原则不仅指导了B星的设计，还被推荐给"资源一号"的热控主任设计师，在"资源一号"上也得到成功应用。它后来成为后续卫星型号对蓄电池温度控制的设计原则，至今还在遵守。

1990年9月3日，风云一号B星发射升空。9月3日8时53分，卫星由长征四号甲运载火箭送入预定轨道。但星箭正常分离后，姿态控制系统捕获地球目标的俯仰红外地平仪突发故障，使卫星未能按时建立起工作姿态。由于系统本身有故障自主识别应急、重捕姿态的功能，在卫星第二圈飞入国境时，由西安卫星测控中心按预定故障对策手段发送遥控指令和注入遥控数据切换至姿控备份控制方案，备份系统选用了有冗余设计的红外地平仪组合，给出了俯仰姿态角信息进行换切控制。卫星出境前，姿态重捕地球成功，险情排除，避免了一次重大事故。

孟执中和徐福祥等人匆匆忙忙地从基地经太原乘飞机赴西安卫星测控中心，在大厅前迎接他们的华振武满面笑容地告诉他们，卫星故障已排除了，完全正常地在轨运行。在以后的十多天里，卫星一直保持正常运转。主要载荷五通道可见红外辐射计开通后，卫星源源不断地向地面发送高质量的气象云图资料，卫星工作一切正常，全体研制人员欢欣鼓舞，沉浸在一片喜庆之中。接着又进行了在轨测试，对卫星的平台和有效载荷逐一地进行测试评估，得出了卫星已达到用户提出的任务要求的结论。

但是好景不长，十多天过后，卫星陆续出现了一些异常现象。最初是卫星遥控接收机受到外界信号的干扰，不时接收到不明原因和来源的虚假信号和数据，引起卫星的错误动作。经基地值勤人员和留守基地的卫星试验队人员及时发现，排除故障，卫星恢复了正常工作。这个问题虽未造成灾难性事故，但大大增加了地面观测和管理工作的难度。

随着时间的过去，出现了另一个更加难以处理的故障，就是 B 星设计时，没有充分注意到计算机电路芯片受空间高能粒子轰击产生的单粒子翻转问题。星上 80C86 微机的 CPU、内存、接口电路和数据总线，虽然都具有一定程度的抗辐射剂量的能力，但不具备抗高能粒子翻转的能力，因而易引发元器件单粒子翻转和闩锁。

风云一号 B 星在 900 千米高度的轨道上运行，在经过地球极区和南大西洋上空的带电粒子的密集区时，容易产生单粒子翻转或闩锁现象。而由于元器件选购上的困难和经验上的缺乏，改进风云一号 B 星姿控系统时，在抗辐射加固和软件设计上留下了漏洞。一旦出现单粒子翻转，就可能引起计算机工作失常，程序乱走，控制失灵，破坏计算机的正常运行，造成计算机乃至整个姿控系统的严重事故。

在当时，唯一能采取的补救办法，就是加强地面的测控管理，通过及时发现、及时处理来纠正错误，避免故障的蔓延，减少损失。为此，决定将卫星总体和姿控系统的设计人员分成两个工作组，由孟执中和徐福祥两人分别带领，不间断地轮流在西安卫星测控中心值班，配合基地值勤人员，共同每天六轨监视卫星在轨工作，一次次地挽救了卫星，直到卫星在轨飞行的第165天。

这天对于从事了一辈子航天科技工作的孟执中来说，是至今仍记忆犹新的日子。它刚好是中国的传统节日——春节，全国人民都沉浸在欢度佳节的喜庆氛围中，孟执中却带领侯建文等工作小组成员，在西安执行岗位任务。由于卫星在轨工作比较平稳，孟执中和基地副参谋长看到面露疲惫的试验队队员，心一软就说："大家分批回家过年吧。年三十那天，把晚上7点跟踪观测的一圈，提前到傍晚5点，跟踪观测一结束就下岗，跟踪测控少进行一轨，大家也去吃个团圆饭吧。"

也许是老天捉弄人，年三十晚9点，北京气象卫星地面站发现卫星云图发生扭曲，并不停地滚动。又是控制系统出了问题！在西安卫星测控中心招待所宿舍的孟执中意识到B星开始重蹈A星覆辙。小心加谨慎，但意外还是发生了。

2. 地面营救卫星

留守在基地的孟执中和试验队队员实施紧急抢救，星上控制系统主任设计师徐福祥也连夜从上海赶回基地，一场世界航天史上罕见的为期75天的卫星地面营救行动开始了。

风云一号B星因受空间高能粒子的轰击，星上计算机工作紊乱，卫星姿态失控，以每分钟约 10 圈的速度旋转，章动运动角超过 40 度在轨道上滚动。风云一号 B 星的姿态控制系统虽已设计了故障自主诊断、系统重构和全方位姿态捕获等功能，应该说，处理一般的故障，系统是绰绰有余的。但是当时星上的储气（动力源）因乱喷已耗尽，失去了自主恢复正常工作的能力，必须立即实施地面抢救！孟执中的心凉了半截，深深感到自己肩上的千斤重担！

稍有点卫星控制知识的人都知道，任何应急手段都必须要有动力，而储气已尽，这意味着卫星已失去抢救的动力！孟执中和试验队队员们经过紧张的商讨认为，只有立即起旋动量轮，先将星上的偏置动量轮启动起来，利用飞轮角动量在空间的定轴性减小卫星的章动运动，使卫星的姿态角不要有太大的起伏，保持电源的相对平稳，给卫星的排故创造条件。

孟执中与在上海的控制系统主任设计师徐福祥在电话中商讨，取得一致意见后，立即启动偏置动量轮到最大值。启动大飞轮后，卫星章动运动明显减小，卫星太阳电池阵供给电流从 0~8 安的快速起伏，转为 6~8 安的较平稳的供电。卫星的供电保证，为后来抢救卫星提供了有利条件。

徐福祥接到孟执中的电话后，第二天天刚亮，便赶到虹桥机场，但是飞往西安的飞机因春节全部停飞，无奈之下，徐福祥登上了开往西安的火车。怀着忐忑不安的心情，徐福祥来到了西安，来到了卫星测控中心，他看到了已几天几夜未安稳合眼的战友们盼望的眼光，感受到了孟执中总师对他的信任和期待。任新民、韦德森以及航空航天工业部领导等随后从北京赶来。

尽管现在还没有找到抢救风云一号 B 星的办法，但三根磁棒给了徐福祥寻找办法的希望。徐福祥的意见受到了在场领导和专家的高度重视。测控中心当时就成立了卫星抢救小组，韦德森任组长，孟执中和徐福祥任副组长，同时成立抢救技术组。技术组成员有高火山、侯建文、董瑶海、华振武、朱海元等，抢救卫星的策略和方案由徐福祥牵头，孟执中把关。同时，五院也先后派出陈义庆、严拱天、章仁为等控制技术专家来西安担任技术顾问。令大家感动的是，杨嘉墀院士不顾年老体弱，在抢救卫星的关键日子里亲赴西安，进行现场指导。

卫星抢救小组成员经过反复分析、讨论，提出了抢救这颗卫星的技术总策略。即首先要搞清楚失控卫星现在的运动方式，并在地面进行失控卫星动力学仿真。其次，起旋偏置动量轮到最高转速，以稳定卫星旋转角动量在空间的取向，保证太阳电池有一定的输出，为进一步制定抢救策略打下基础。这一步之前已经实现。然后分析失控卫星的运动规律，建立失控卫星的运动模型，进行动力学仿真试验验证；寻找失控卫星的姿态确定方法；利用卫星的三根磁棒和一切可能的条件，寻找并设计出挽救卫星所必需的外力矩，建立抢救方案，进行地面仿

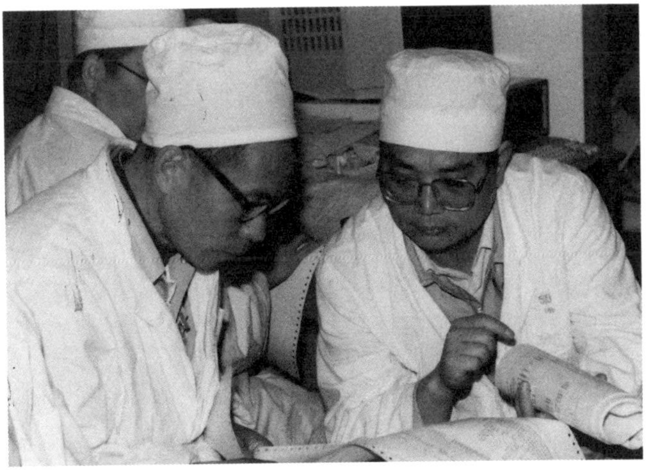

1990年，孟执中（左）与徐福祥在一起讨论技术问题

真试验验证，并不断完善优化抢救策略；制定详细的抢救实施流程，简化地面操作程序，确保整个抢救过程有条不紊地进行。

就在大家为抢救风云一号B星而日夜奋战时，航空航天工业部总工程师白拜尔也来到西安，勉励大家："我和航空航天部的领导充分相信你们一定会想出办法，救回这颗星。抢救成功这样一颗几乎无法挽救的卫星，将是一件非常了不起的大事。"

在那些日子里，大家克服了许多困难，夜以继日地深入思考，推导公式，寻找办法。通过高火山、董瑶海等人的仿真和分析计算，在整个抢救过程中，始终有效地监视着卫星旋转的姿态。还找到了通过星上地平仪确定卫星正常控制时的对地面在卫星旋转过程中何时指天、何时指地的方法，从而找到了通过星上计算机已有软件的组合控制三根磁棒通电相位的方法。该方法又被称为磁棒通电的"电子开关"。华振武和朱海元等同志经过努力，完成了消旋力矩的数学仿真，选择了最佳参数，从而在实施抢救过程中，使卫星的快速旋转很快地得到了控制。卫星经过10天左右的消旋，旋转速率从每秒60度，下降到了每秒几度左右。

在控制消旋的过程中，卫星的旋转轴在惯性空间的指向将发生变化，从而威胁到太阳帆板功率的输出，使能源大幅下降，因此，必须要对卫星旋转轴的指向进行控制，这就需要进行进动控制。徐福祥想到了采用地面遥控注数，使星上地球磁场模型的磁周期和取向可随意改变的方法，以实现通过控制三根磁棒的通电方向，使其与地球磁场相互作用后产生出合适的进动力矩，并设计了有效的进动控制方法。孟执中认为可行。后经地面仿真验证，该进动控制方法得以实施，使卫星旋转轴在空间保持正确取向。

在卫星消旋的过程中，出现了当卫星消旋到一定程度时，卫星的章动角迅速发散的问题，当时被称为"章动共振"。侯建文在动力学仿真中验证了这颗卫星发生章动共振的条件，并为此设计了避开章动共振的办法，使卫星的消旋得以顺利进行。

当时，当卫星的消旋达到小于每秒1度时，利用三根磁棒与地球磁场相互作用的控制办法就会失效，卫星将无法继续消旋，抢救过程将被迫中断。为了克服这一难关，经过几天的苦思冥想，抢救技术组提出了采用重力场控制的办法。即控制卫星的俯仰角，使卫星在旋转360度的四个象限内产生不同大小的重力力矩，通过旋转一周产生的重力力矩积分效果，使卫星剩余的旋转角动量得到最后的消旋。这一办法得到了孟执中总师的认可和支持。

对章动控制，技术组成员先后寻找到卫星高速旋转、中速旋转和慢速旋转时的控制方法，并通过了地面仿真与验证。还找到了卫星在没有喷气力矩的情况下，仅用飞轮最后实施地球捕获、建立卫星正常对地姿态的方法，并通过了地面验证。

为将上述所有方法，都转换成西安卫星测控中心可以实施的地面操作计划，徐福祥多次给西安卫星测控中心的同志上课，给他们介绍风云一号卫星的控制方案、各种应急手段，并详细讲述抢救这颗卫星的方法、地面仿真的方法与转换成操作实施计划之间的关系。在测控中心的大力配合和正确操作下，经过75天的艰苦努力，风云一号B星终于在1991年5月2日恢复正常工作。

3. B星科研成果显著

孟执中清楚地记得，当时西安卫星测控中心的大厅内鸦雀无声，大屏幕上显示着卫星正缓慢“滚”向飞轮控制区。人们的心被揪紧着，双眼紧盯着大屏幕，心“砰砰”地跳着，企盼着胜利的到来。“卫星捕获地球成功！”现场指挥响亮的报告声一落地，大厅内立即响起了雷鸣般的掌声和欢呼声。国防科工委、航空航天工业部、国家气象局、西安卫星测控中心、五院和上海航天局的领导都十分高兴，对抢救成功风云一号卫星报以热烈的祝贺，并向抢救组发来热情洋溢的贺电。航空航天工业部领导在贺电中说："成功抢救风云一号卫星是中国航天史上的奇迹，也是国际航天界的罕事。""风云一号"的抢救技术不久就获得了航空航天工业部一等奖、国家重大科技成果二等奖。

风云一号B星在我国的卫星技术史上具有重大的意义。A星是我国第一个太阳同步轨道卫星，被誉为中国航天卫星技术上的第三个里程碑。而后续的B星进行了技术创新实践，在B星上采用微型数字计算机作为卫星的控制中心，在国内开创了先河。采用抗辐性能不足的80C86做CPU，给后来卫星发生故障埋下了隐患，但不影响B星在这一技术领域作为先驱者的价值。B星采用偏置动轮量姿控系统方案的成功，同样具有开创性。B星多方面技术设计上的创新为后来的卫星型号所继承和发展。在B星技术总结会上，任新民总师逐一评价了B星各方面的成功。在说到热控制时，任新民总师特别提高嗓音说："一句话，温度控制是好的。"充分肯定了在"风云一号"热控制设计上提出的等温化设计技术方案。而在这之前，对于卫星内部的等温化设计，研制队伍中存在着不同的看法。A星的数据不足以说服人，而B星的在轨数据，证明了等温化设计方案是合理可行的，得到同行们的赞赏。"风云一号"热控技术方案于1992年获得部级科技进步奖二等奖。

4. 从失败中总结教训

风云一号B星在轨正常运行了165天之后，1991年2月14日，因姿控系统故障造成卫星翻滚，不能正常出图。后经75天地面测控抢救，虽然排除了故障，恢复了工作，但终因星载计算机受空间环境影响而频繁跳变，未能完全回到正常状态。该星断断续续工作到1992年11月，在轨累计正常运行285天，未能达到一年的设计寿命指标。风云一号01批的两颗星，寿命指标均未能达到

1991年，孟执中在会上做总结发言

要求，按当时的飞行试验大纲考核指标衡量，只能算取得基本成功。

对与卫星打了30多年交道，看着自己卫星“长大”的孟执中来说，心中抹不去那份痛，但却更加坚定了他求胜的信念。风云一号卫星先后于1988年、1990年两次发射成功，却都没有达到任务书规定的寿命要求，原因何在？孟执中一直在苦苦思考。

对于卫星研制者来说，可靠性与长寿命是他们对卫星的重要期望。为此，孟执中带领“风云一号”的设计师把A星和B星的问题进行了彻底的梳理，深入研究分析并进行技术总结，将风云一号卫星研制过程中所出现的问题和解决办法进行系统总结，汇编成册，以供后续卫星研制时参考。他亲自主编，全程参与，并亲笔撰写了其中的重要章节。为使这些总结汇编能更好、更全面地反映卫星设计所需掌握的基本原理和工程研制中所需注意的问题，他还集中十天的时间，带领有关人员在千岛湖编辑审定形成专集。

总结最终汇编成四册:《卫星总体与分系统部分》《卫星子系统与整机部分》《卫星评价与应用》和《卫星故障分析与对策》。中国科学院空间中心的一位专家在看到这本专集后，称这是他看到的最好的、最有价值的关于卫星故障的技术总结，为后续卫星可靠性设计和排故提供了很好的借鉴和参考。

任新民总师说得好:“失败的教训比成功的经验更宝贵。我们不怕失败，但不忘记失败。”这也许是航天工作者取得成功的真谛。“风云一号”的历程，刻骨铭心的确实不是那些成功的经验，而是那些失败的教训。“风云一号”研制人员从失败中走过来，才能制造后续C星和D星的辉煌成绩。

5.风云一号B星改进

风云一号B星于1990年9月3日，用“长征四号甲”发射成功，在轨运行期间，连续获得了清晰的图像，证明针对A星发生的质量问题采取的改进措施是有效的。在风云一号B星飞行试验中姿态指向精度、稳定度均满足设计指标，完成了卫星姿态控制任务。但好景不长，卫星入轨时红外地平仪出现故障，导致卫星的控制系统包括主计算机不能发挥作用，随即切换到备份红外地平仪和备份计算机。但备份计算机的设计不如主计算机完善，在空间粒子的不断作用下，电路工作不稳定，卫星经常出现故障，姿控失稳，虽然几经抢救，断断续续地工作了 85 天，但还是没能达到实际的应用效果。两次失利给卫星研制带来沉重的打击。上海研制卫星至此已有 20 年历史，尚未有圆满成功的记录。

809 所研制的备份计算机是第二次故障的直接责任者之一。虽然卫星总体单位并没有给计算机明确提出空间抗辐射加固的设计要求，更没有这类环境的试验规范，但计算机研制人员显然缺乏经验，控制系统设计更没有根据故障模式进行试验验证，上海的计算机任务因此而险遭停止。

由于两次灾难性故障的原因都是卫星的姿控系统，事不过三，“风云一号”的设计师们在姿控系统设计中花了更大精力。在杭州召开的风云一号 B 星的总结会和 C 星的改进方案讨论会上，总指挥韦德森和总设计师孟执中除明确了国家气象局提出的增加通道的要求外，重点研究了姿控系统的改进方案。

为了争取改进后的风云一号卫星仍能在国家立项，任新民亲自奔波，在国家机关之间疏通渠道。当时上海航天局副局长施金苗也以“风云一号”第二总指挥和“长征四号”行政总指挥的双重身份参加任务争取。因为只有全力争取“风云一号”立项，“长征四号”才能有新的任务。

孟执中深深地感受到，国家气象局的确是最好的用户。尽管前两颗卫星没有圆满完成任务，但他们并没有埋怨，仍尽全力向国家继续争取新的任务。在他们的努力下，风云一号 C 星又开始了研制，“长征四号”又获得了新的机会。1993 年 9 月 3 日，中国航天工业总公司决定 509 所从五院划归上海航天局，上海航天开始建设一个具有相当规模的卫星研制基地。此后，“风云一号”研制以上海航天局为总体单位，上海航天局副局长项家桢成为“风云一号”行政总指挥，与孟执中一起负责风云一号卫星的研制。

孟执中

孟执中院士传记

Academician Meng Zhizhong's Biography

第十一章

C星耀九州

年近六旬的孟执中坚定地表示：“……不管在什么情况下，也不管外面有多大的吸引力，我一定尽心尽力地与大家一起，把风云一号卫星研制好……”

第一批试验型极轨气象卫星风云一号A星和B星的成功发射，验证了航天工程五大系统的正确性和可靠性。卫星系统除寿命未达到要求外，取得了基本成功。其他四大系统均取得满意的结果，尤其是运载火箭，首发成功，获得国家科技进步奖特等奖。但卫星仍存在严重的缺陷，离用户的使用要求仍有很大差距，而按规定，下一步研制发射业务应用星需全面满足使用要求。随着02批业务应用星项目的立项，发展目标及研制之路需要尽快确定下来。

1. 争取风云一号02批任务

1993年是一个转折之年。中国航天工业总公司经过严密的考虑，对卫星任务进行分流，决定将509所转到上海航天局，建立一个比较适合上海卫星研发的基地。

原先509所属五院，五院领导和各职能机关，对509所给予了很大关心和支持。但五院的总部在北京，毕竟地处两地，总会有些地方照顾不到。划归上海航天局后，就地直接管理，有利于509所卫星研发工作的开展。

不久，孟执中转到上海航天局科技委工作，担任科技委副主任，同时兼任型号总设计师，以集中精力抓型号技术。

为了继续开展极轨气象卫星的研制任务，获得多方面的社会经济效益，国家气象局于 1990 年 12 月会同总参谋部、国家海洋局、中国科学院、航空航天工业部，联合向国务院和中央军委报送了《关于继续发展风云一号气象卫星的请示》。请示包含四个方面内容：风云一号 01 批两星的情况和应用效益，风云一号 02 批气象卫星的使用目的，风云一号 02 批气象卫星的技术状态，风云一号 02 批气象卫星的计划进度与经费预算。

1991 年 4 月 5 日，国务委员邹家华听取了国家气象局和航空航天工业部关于风云一号 02 批气象卫星的汇报。他在会上说："不搞气象卫星，国民经济就缺一块。气象卫星不仅要考虑眼前，还要有一个全面规划，不能待卫星寿命到了，才来讨论如何解决继续发展问题。要建立一个机制解决气象卫星经费问题，气象卫星是公益性的，要有一个渠道，财政上要研究，不要临时解决一下，一锤子买卖。要考虑十年的事，通盘研究一个办法，这样国家气象局心中有底，航天部也可按计划干。不能临时找钱，气象要发展，总不能关门。"

1992 年 7 月，国家计委、财政部、国防科工委向国务院、中央军委报送了《关于解决我国气象卫星经费问题的请示》。1992 年 9 月 9 日，李鹏总理和中央军委副主席杨尚昆予以批准。

1993 年 5 月 20 日，国家气象局与中国航天工业总公司签署了《风云一号 02 批气象卫星及运载火箭研制生产技术经济合同》。1995 年 10 月 24 日，国家气象局与国防科工委签署了《风云一号 02 批气象卫星发射和测控服务合同》。

2. 高科技与低收入

20 世纪八九十年代，改革开放风起云涌，社会上有些人先富了起来。于是，一些人为了致富默默期盼着，悄悄奔波着，一湖风平浪静的春水渐渐起了波澜。

1992年，孟执中（右）和任新民（左）在讨论问题

当时社会上流行着一句话：“搞导弹的不如卖茶叶蛋的”，各种媒体上也经常出现此类报道。卖茶叶蛋的没有技术，只要拉得下面子就能干；而搞导弹的科技人员是高学历，有技术，但论收入，却是相形见绌。在“脑体倒挂”的现象下，新的经济体制下那些像雨后春笋般涌现出来的民营企业、中外合资企业，开始侵蚀航天队伍。航天人才，对于外来行业来说，都是免培训的高级人才。长期饱受“两弹一星”精神熏陶的航天队伍正面临着空前的考验。

过去集聚到航天行业的大都是名牌大学的精英，现在这些精英面对的家庭压力越来越大。辛辛苦苦工作一天，回到家里却觉得囊中羞涩，颜面扫地。于是，有的人坚持不住了，毕竟外面的世界很精彩，人往高处走是很自然的，另找出路也是出于无奈。出去谋到高就的，自然喜气洋洋，请老朋友老同学吃顿饭表表心意，一沟通一炫耀，于是又拉走了一批人。那时航天单位虽有很多约束，但没有太多的办法留人。

难道用“两弹一星”精神武装起来的、国家花了很大心血和资金培育起来的航天队伍就没有希望了？航天高层领导极为重视，各管理层也开始用“事业留人、感情留人、机制留人、政策留人、待遇留人”等理念和措施来稳定队伍。

人才外流的势头没有完全被止住，但是，航天队伍毕竟是老一辈革命家和科学家用“两弹一星”精神培育出来的，探索科学事业的无与伦比的崇高使命感，“人生能有几回搏”的航天豪情浸透着航天人的心，尖端科学的诱惑力，神秘空间的探索性，仍旧能够吸引和凝聚一大批人。大浪淘沙，一批对航天事业有着深厚感情的有志之士最终留了下来。

3. 花甲犹存豪情志

风云一号02批卫星的研制任务下达后，政治思想水平高、专业知识和设计经验丰富、组织能力强的孟执中继续领导风云一号02批卫星的研制工作。孟执中深感自己的责任重大，决心带领广大科技人员卧薪尝胆，打翻身仗。

1994年1月，围着卫星忙了几十年、已近花甲之年的孟执中思绪万千。尽管由他领头研制的风云一号A星、B星先后发射成功并运行，填补了我国气象卫星的空白，表明我国已具备了研制、发射、运行、管理太阳同步轨道气象卫星的能力和条件，为进一步发展我国的气象卫星和卫星应用迈出了重要的一步，但A、B两星先后夭折，对于卫星总设计师孟执中来说，是刻骨铭心的。

此时，正值卫星研制队伍最不稳定的时期。509所刚划归上海航天局，600多人的研究所，每年的科研经费只有200万元。孟执中觉得如果此时离开岗位，总感觉没有把自己这一生的使命完成好。于是，他在风云一号C星初样研制动员会上，发表了一段讲话，表达了他对祖国航天事业忠心耿耿、矢志不渝的态度。

“……我到今年年底正好60周岁了，‘风云一号’从1977年开始抓，我自1982年任总师，至今也有12年了。有不少亲友和同事对我讲，年纪大了，也有了条件，以后的日子应该是少操心，多养神，安安静静地度日子。但我想，干了30年的卫星，‘风云一号’也干了17年。风云一号卫星虽然成功了，但运行寿命没有达到预定的要求，目前的结果我自己也不满意，我想在退出历史舞台之前，总要有一个比较圆满的结局，对国家、对人民、对支持我们干这项事业的人们有个圆满的交代。所以不管在什么情况下，也不管外面有多大的吸引力，我一定尽心尽力地与大家一起，把风云一号卫星研制好。没有一个好的结果，我是不会离开这个岗位的……”

孟执中的一席话，感人至深，极大地鼓舞了从事风云一号C星研制的广大科技人员的信心，并以极大的凝聚力将他们紧紧地团结在自己的周围，脚踏实地一步一步地朝着胜利的目标前进。

风云一号卫星总体主任设计师董瑶海，听到孟执中的铿锵誓言后，也表示要对航天事业忠贞不二。外界缤纷的诱惑未能吸引他，外面公司出高薪聘请他，他仍不动心。虽然离开航天肯定能解决家里的许多困难，也能开创新的事业、新的人生，可他曾经为航天献出了美好的青春，有对航天事业的承诺与责任，所以不想轻易放弃曾经用汗水浇灌过的沃野，放弃美好而又神圣的事业。他毅然留下，始终踏踏实实坚守在清贫的岗位上。

在研制风云一号C星的过程中，作为总设计师的孟执中，一直在实践着自己的诺言，正是“廉颇不服老，出征披战袍”。

4. 走上新征程

1994年春，孟执中从美国探亲回到上海。上海航天局此时已正式接管509所，同时也接手了“风云一号”和“风云二号”两项气象卫星任务，着手组织队伍开展型号研制。根据上级的安排，孟执中仍担任风云一号02批的型号总设计师，上海航天局副局长项家桢任型号总指挥，沈琮为型号副总设计师。“两总”系统、各级设计师和调度指挥都做了相应调整。

风云一号02批气象业务卫星，总体方案已在1992年的杭州会议上研究决定。风云一号02星是老型号，继承性强，研制工作直接从初样开始，只有部分分系统和单机有较大的改变，需要进行技术攻关和修改设计。该卫星的任务是稳定可靠地提供全球的卫星气象资料，所以必须解决卫星的长寿命和稳定可靠工作的问题。在性能方面，根据当时技术攻关的成果，对卫星气象遥感仪做了改进提高，由原来的五个通道改为十个通道，这样就比美国的气象卫星多了五个通道，卫星气象资料数据相应地大量增加，卫星的磁记录由固定磁头改为旋转磁头，数据传输设备也做了相应的改动。

随着中国社会从计划经济逐步转向市场经济，卫星也成为一种特殊商品。研制卫星的主要目的是为发展国民经济和国防建设服务。用户需求越来越高，但我国研制的卫星质量却满足不了用户需求，不仅进不了国际市场，而且有失去国内市场的危险，卫星研制处于十分被动的局面。而一旦国内市场丢失，将会对我国航天产业的发展产生巨大的不利影响，甚至在很大程度上影响航天产业尤其是卫星板块的生存和发展。

研制的卫星质量上不去，可靠性差，事故频繁和寿命很短，固然有技术条件差、经验不足等客观原因，同时也存在着管理上的严重问题，这就是主观的问题。孟执中长期在中科院科研单位工作，在他的脑海中，“质量两个字几乎是一个空白区，质量意识淡薄，不重视质量工作，也不知道如何把质量工作搞上去。虽然在长空卫星型号的研制实践中，有所改进，但远未达到要求。”

“风云一号”两颗试验气象卫星的挫折给了孟执中深刻的教训，使他意识到自己工作中的严重缺点，并逐步转变了质量意识，认识到质量是航天产品的生命，不抓质量就没有出路。尽管客观环境条件的改变要有一个较长的时间，但是通过自身的努力，认清形势，转变观念，找出差距，扎实工作，下工夫解决质量问题，一定能走出困境，把卫星研制提高到一个新水平，逐步满足用户的需求。

1994年春，风云一号C星进入研制程序后，孟执中系统地学习了有关质量和可靠性方面的文献资料，并阅读了有关质量管理方面的法规标准等。五院502所可靠性专家廖炯生（廖炯生是孟执中在中科院工作期间，同在一个研究室，一起在杨嘉墀指导下工作的同事），还赠送了一本自己总结编撰的有关抓质量的书给孟执中。孟执中认真阅读，领会书中的要点，对以后指导可靠性工作起到了很好的作用。

与项家桢副局长一起工作，对孟执中转变质量观念和抓质量管理影响很大。项家桢原是上海航天局主管全局质量标准、计量工作的副局长，有很强的质量意识和管理质量工作经验。在项家桢的影响和帮助下，孟执中的质量意识有了很大的提高。他们密切配合，将质量工作有声有色地开展起来，卫星的研制质量终于有了明显提高。

5. 研制高可靠长寿命卫星

为保证风云一号02批卫星的研制质量，项家桢总指挥与孟执中总设计师密切配合，带领研制团队打响了提高卫星质量的攻坚战。

首先就是提高和统一全体研制风云一号气象卫星的科技人员的质量意识和质量工作人员的素质，孟执中要求他们学会并掌握提高研制质量的方法。质量是产品满足规定和潜在需要能力的特性总和，这些需要包括功能、性能、可靠性、维修性、安全性、可生产性、可测试性、经济性、时间性，等等。其中最基本的，用户最关心的是性能和可靠性。而孟执中最担心的就是可靠性。把性能与可靠性放在同样重要的地位上是现代质量观的重要观点，而在产品发展的不同阶段对两者会各有侧重。就风云一号卫星工程进展的势态，把可靠性放在更为突出的位置是合适的，也是必须的。

“风云一号”两颗卫星未完成任务的原因，不在于性能指标没有达到要求，而是由于可靠性不高造成中途夭折。总结失败的教训，大家深感提高质量、提高可靠性对风云一号卫星的意义实在是太大了。所以能研制一颗长期可靠稳定运行的业务应用气象卫星成为大家共同奋斗的目标。思想统一、目标明确后，下一步的工作就是如何踏实工作，有效地提高产品的研制质量。

在风云一号卫星 02 批的研制工作中，孟执中强调了在设计阶段的可靠性工作。产品设计前，在他的指导下，卫星总体提出了明确的可靠性要求，下达了可靠性指标。在设计中，进行了可靠性建模、预测、可靠性分配、优选元器件、降额、适应环境能力、冗余、容错，以及故障模式、影响及危害性分析等可靠性分析和设计工作。在产品特性分析的基础上，对关键和重要的系统、单机还要进行故障树分析工作。对关系到卫星成败的重要分系统和关键单机、部件，要求尽可能地排除单点失效模式。在设计评审时，各级产品都必须提供可靠性分析和设计报告，进行专题评审，重点对故障模式、影响及危害性分析进行审核，看对可能发生的故障是否分析透彻，并且有一个有效的对策。经过这些全面的考虑，产品的可靠性就有了基础。

除了在设计阶段充分地进行可靠性分析和设计外，在研制的全过程都要进行可靠性工作。尤其是在试验阶段，可靠性的试验验证和测试应该做到充分和严格。不仅在技术上要抓，在管理上也要抓，要全面抓、全过程抓，最终才能达到一次成功的目的。

软件的可靠性也非常重要。软件是逻辑思维过程的体现，与硬件有较大的区别。硬件是有形的实体，看得见，摸得着，能用常用的检测方法和手段对它的可靠性进行试验和测试。软件不像硬件那样，随时间的延伸而消耗和变异，它的可靠性在设计中就较完整地确定了，如果有故障隐患就是设计固有的，所以设计中的可靠性特别重要。同时，设计中的缺陷和存在的隐患要通过检测查出来比较困难。因此，软件可靠性对大家来说完全是一个新课题。但是现在卫星上越来越多地使用计算机，尤其是在关键系统上，如姿控系统上用上了微计算机，就不能不把计算机程序软件的可靠性问题放在一个突出的位置上来对待。

“风云一号”第二颗星在轨飞行试验中出现的致命故障，虽然直接原因是空间重粒子引起的计算机单粒子翻转，但是后来却是因为计算机系统不能克服这种简单的干扰，反而扩大了它的影响，继发程序流混乱，最后造成控制系统失灵。这个例子充分说明了软件可靠性的重要性。

在此之前，对卫星软件的验证和测试一直是采用传统的考机老办法，即选择若干典型的数据组合输入到计算机，然后检查计算机是否给出预期的结果，以此来考核计算机的硬件，也考核程序软件开发的正确与否。为了保证风云一号 02 批卫星软件设计的质量，孟执中提出建立设计人员双岗制和对软件设计框架的评审制度。

由于国内在卫星上可选用的微型计算机很少，且在初期阶段，经验少，对星载软件的可靠性验证、确认和测试还没有一套科学和有效的办法，基于风云一号卫星的紧迫需要，由总体部和原 809 所负责星上计算机软件的朱虹、陈兆云、朱海元等几位科技人员结合型号任务中星载计算机的软件设计任务，对软件设计任务、软件的可靠性，尤其是软件和系统验证的方法，进行了积极的探索创新，提出了几种方案，并在卫星研制任务中发挥了很好的作用。

与此同时，孟执中也非常重视做好加强可靠性保证的技术基础工作。他认为可靠性工程和管理涉及面很广，工作量也很大，要求研制人员在型号研制工作中，充分认识到它的重要性——不把可靠性搞好，就别想把工作做好。

在上海搞卫星研制，原来一些运载工具研制的基础工作不完全适应卫星研制的需要，所以急需改善和加强。一是可靠性工作（包括设计、生产、试验、管理）的标准、规范需要尽快编制完善。例如卫星用的元器件优选目录和选用标准、设计规范等文件还仅仅是以单一型号名义起草的救急性的文件，还没有规范的文件，其他标准、规范也是空白。二是质量、可靠性保障工作的机构不健全，力量单薄。在上海，院一级的质量管理人员按型号划分纳入调度指挥系统的做法是否有利于质量、可靠性管理值得研究。卫星用元器件的质量，可靠性是基础，要求很高，而国内生产的元器件，即使是“七专”产品，也达不到所需的可靠度，大部分元器件都要经过卫星产品研制单位再次进行筛选等一系列可靠性验证工作后，才能用于型号产品，所以建立元器件可靠性中心十分必要。上海当时已经起步，但需要加强力量和提高水平。三是可靠性的专业技术人员很少，力量单薄，需要充实。四是可靠性分析、试验、检测手段和条件很差，需要改善。

20 世纪 90 年代初，中国航天工业总公司根据当时航天事业的发展形势，面对多次航天任务失利的局面，决定在全系统狠抓质量，制定了一系列的法规文件、条例。如质量归零的“双五条”，在“风云一号”研制队伍中广泛宣教、严格执行，使型号研制走上制度化、规范化的轨道。

最后是加强专业培训，提高人员素质。孟执中在型号设计师队伍中建立了专兼职相结合的可靠性工作队伍，开展了工作，收到了成效。但是在这支队伍中，除很少数的技术骨干之外，多数的技术人员还不能熟练掌握和灵活运用可靠性设计技巧和方法，有很大一部分人还只会用简单的统计学方法，对产品可靠性做一些分析和计算。因此，在技术人员和管理人员中，普及可靠性知识，训练一批能较好掌握可靠性技术的人员是当务之急。

孟执中在风云一号 C 星研制的头几年，深入到基层、深入到各分系统指导和把关，与项家桢一起，在产品可靠性和产品设计、研制质量方面做了许多工作，使产品质量得到了进一步提高。

6.痛下决心，攻克卫星新平台

由于系统技术复杂，环节多，加上缺少经验，早期的航天飞行器平台的姿态控制系统在轨道上发生故障，是导致整个飞行器早期失效的最主要原因之一。风云一号试验气象卫星的飞行试验也不例外。

“风云一号”姿态控制系统的研制从1974年预先研究开始，到1999年C星发射成功并运行正常的过程中，为使性能和可靠性满足要求，走过了一条漫长而又曲折的道路，承接设计、研制任务的单位领头人和骨干成员几经变化。

在孟执中的主持下，研制团队分析了风云一号A星飞行试验成功和失败两方面的经验教训。对风云一号B星的方案，重点对姿控系统方案做了重大的改进。这时的徐福祥经过几年卫星研制的实践，已成为型号研制的中坚力量，在孟执中的亲自参与下，由徐福祥牵头，进行了风云一号B星姿态控制系统的修改。

对姿控系统的修改是在原来姿控系统的基础上，增加了一个由大规模集成

1995年，徐福祥（前排右四）到五院任职欢送会留影（前排左二为孟执中）

电路、中央控制器采用80C86CPU芯片的星载微机和1台10N.M.S角动的偏置动量轮组成的新的完整的偏置动量控制的备份系统。备份系统采用磁力矩器进行飞轮卸载和卫星的章动进动控制，还使卫星控制系统具有自主故障识别和系统重组、卫星全方位姿态重捕的功能。

1990年风云一号B星发射成功，新的设计方案成功地识别出了卫星在入轨时的红外地平仪故障，卫星自主进行地平仪的切换，重组了系统，保证了卫星姿态捕获地球，转入对地定向，排除了一次灾难性的故障。

但是由于多种原因，系统设计留下重大缺陷，尤其是对卫星轨道上高能粒子对计算机芯片的轰击产生的单粒子翻转效应认识不足，防范乏力。同时，对待计算机出现单粒子造成的程序运行混乱在措施上有很大的遗漏，造成了卫星在轨工作165天后，卫星突发执行机构单向喷气，直至气源耗尽，卫星高速翻转，发生致命的故障。产生这种致命故障的原因，除计算机芯片对高能粒子耐受能力不够外，更重要的是在方案设计中，尤其是对故障的识别和处理措施上，包括计算机的程序设计上存在重要的缺陷。

在进行风云一号C星的研制工作时，孟执中带领研制团队首先把改进姿态控制系统的设计作为重点，痛下决心，一定要彻底解决卫星平台姿控分系统的可靠性和长寿命问题。1994年，风云一号02批卫星研制工作全面展开后，徐福祥调任“风云二号”总设计师，“风云一号”的姿控分系统主任设计师由侯建文担任。侯建文同时还担任型号副总设计师，分管姿态控制分系统。控制所朱虹作为主要助手。

在孟执中的直接参与下，全体参研人员经过充分讨论，制定了风云一号02批卫星的修改方案。方案中放弃了原来的三个正交安装的飞轮控制和中、小规模集成电路组成的星载控制计算机组，保留了偏置动量和磁控的姿控方案；完善了全方位姿态重捕、故障自主识别和系统重组；特别是在软件工程化管理方面做了大量细致的工作，使姿态控制分系统研制质量有了很大的提高。1995 年，姿态控制分系统研制任务又归口到上海航天局原 812 所，进行统一管理。风云一号 02 批姿控分系统也逐步走向成熟。

为了提高卫星姿态控制分系统的寿命和可靠性，孟执中在技术方面做了一些重要的决定。如在风云一号 B 星的备份方案中选择了偏置动量轮，并亲自去厂所安排和协商落实动量轮的设计工作，多次参加动量轮的方案讨论和动量轮试验，动量轮的控制电路也由他安排到 509 所三室，并提议刘胜忠等进行设计装配和试验。

风云一号 C 星研制之初，在方案设计中，放弃了原方案中的反作用飞轮控制方案，孟执中建议保留动量轮备份方案的部分，经大家充分讨论，取得一致意见后得以实施。同时为解决姿态控制计算机的可靠性问题，孟执中经过充分调研和芯片落实后，将原控制计算机的 CPU 改为 1750A，这是一项重要的决策。

7. 启用 1750A 计算机

风云一号 02 批的卫星控制计算机是卫星姿态控制和星务管理的控制中心，也是卫星平台的关键单机，对卫星安全可靠地工作至关重要。

上海卫星研发基地研制的卫星，采用星载计算机来控制和管理已有较长的历史。1970 年在设计长空一号技术试验卫星方案时，就确定研制一台卫星程序控制的数字计算机，经过多方努力，仅用半年多的时间，就成功研制出第一台由中、小规模集成电路组成的试验样机。到 1976 年为止，三台飞行试验用的星载控制计算机成功完成了卫星的控制任务。计算机的方案和框架结构都没有做大的改变，计算机的指令和字长没有变，改用了国外和国内新提供的 CMOS 集成电路，计算机运算速度有了很大提高，内存容量也大为增加。新研制的控制计算机在执行风云一号A星飞行试验中工作正常，说明计算机研制是成功的。

风云一号B星姿态控制分系统增设了备份系统，由于备份系统的功能复杂，原来为A星研制的控制计算机，甚至连计算机的体积、质量都不能适应卫星备份姿态控制分系统的装机要求，必须改为用超大规模的微机CPU芯片来设计备份计算机。根据当时情况，选择80C86比较合适。

孟执中开始打算把研制任务落实到对研发飞机计算机有经验的航空615所。但研制姿控计算机的原809所的领导和科研人员表示，一定要力争新的卫星计算机任务，并立即组织了以夏祥宇为首的技术队伍，开展微型计算机的设计论证工作。经过当时正在上海指导检查工作的航空航天部刘纪原副部长和白拜尔总工程师的协调，任务重新给了原809所。

在卫星总体部的支持下，研制团队经过艰苦努力，用一年多一点的时间完成了卫星备份计算机的研制，赶上了B星发射飞行试验的日程表。1990年，风云一号B星成功发射。在入轨的紧急关头地平仪出了故障，没有了俯仰轴姿态信号输出。通过新设计的计算机故障识别功能，在地面遥控指令和数据注入功能的支持下，迅速地转到备份系统控制的工作方案，挽救了卫星。这说明备份方案和新研制的备份系统计算机方案的正确性。

但是卫星在轨运行的十多天后，控制系统的计算机不时发生计算机程序和数据跳动，造成数据出错，程序走乱，甚至导致姿态失控、卫星翻转。经分析和地面观测认为，是计算机内部电子元器件在空间高能粒子冲击下，发生单粒子翻转所致。反映出在新增加的备份系统计算机的设计中，存在严重漏洞。

1991年2月14日，卫星在轨工作165天后，因计算机内部电路出错，加上自主排故失当，卫星单方向喷气，高速滚动，直至气源耗尽。经过合力抢救，

75 天后恢复正常工作，但由于计算机单粒子翻转事件愈演愈烈，卫星失控次数越来越多，最后失去了使用价值。

风云一号 02 批 C 星姿控分系统设计之初，对新的姿控分系统方案在自主故障识别和重组系统等方面做了全面的修改和完善。计算机软件设计方面也做了大量的工作，并运用了软件的工程化管理，使软件的可靠性水平有了很大的提高。但是在选用合适的有抗辐射加固能力的计算机芯片方面，始终没有进展。

1995 年，在中国长城工业总公司的牵引下，以孟执中为团长，包括长城公司袁本凡等一行多人的代表团，访问了设在新泽西州普林斯顿的马丁公司空间事业分公司。

马丁公司空间事业分公司前身就是收购美国无线电公司的空间中心，它与通用公司航天产品业务组成新的马丁分公司，负责有关航天产品的研发和制造。1980 年，马丁公司空间事业分公司曾接待过中国航天访美代表团一行。此时，长城公司和马丁公司正在商谈用中国长征型号运载火箭发射马丁公司的通信卫星的合作事项，美方对中国代表团的来访热情接待，引导中国代表团参观了公司研发、生产的卫星产品，尤其是气象卫星和遥感卫星，以及开发和生产卫星用的总装测试车间、设备和试验场地。同时与中国代表团讨论了双方合作意向、研制第二代极轨气象卫星的初步方案和有关技术。

当代表团成员问及卫星控制系统用的计算机情况时，他们明确告知，马丁公司研发和制造的卫星大多是采用的由哈里斯公司生产的符合美国军标 1750A 指令系统使用的微型专用 CPU 计算机芯片。而且不少美国航天公司也是采用 1750A 微型计算机 CPU 芯片组成的计算机作为卫星姿控系统的控制计算机。孟执中回国后，立即将这一调研情况告诉了原 809 所夏祥宇领头的卫星控制系统计算机小组和总体部 509 所侯建文负责的姿控总体设计小组。姿控总体设计小组积极响应，希望尽快拿到 1750A 计算机 CPU 芯片，研发自己的 1750A 卫星姿控计算机，用在风云一号 C 星上面。

但是，具备很强抗辐射加固能力的 1750A 计算机芯片是美国军控产品，必须有美国政府的许可证才能出口中国。面临美国政府对我国的限制，孟执中等人如实地向局领导和卫星用户气象局的领导报告了这一情况。国家气象局局长邹竞蒙得知这一消息后，非常重视，主动提出以原世界气象组织主席身份，利用他和美国国家海洋和大气局、美国国家航空航天局和美国商务部等有关部门的科技商务合作关系去美国访问，说服美国政府同意将 1750A 计算机芯片出口给中国，在民用气象卫星上使用。

但美方提出了苛刻的限制条件：出口到中国的计算机芯片只能用于风云型号民用气象卫星上，每个卫星有两组，共 10 套芯片，由天合公司监制和质量检测后，保存在天合公司，中方在安装前提出申请，派专人从天合公司取回中国使用。并且美方要在每个阶段派人来中国卫星制造单位，包括在发射场区对实物进行检查，看芯片是否确实安装使用在风云卫星上。后来取回两颗卫星用的六组芯片，还有剩余的芯片至今仍留在美国天合公司。第一批芯片由当时副总统科尔在为美国克林顿总统访问中国打前站时，代表总统以礼品的方式交给了中国方面。

在拿到有强抗辐射能力的芯片之前，中国的开发工作已经展开，采用了 1750A 程序指令系统，设计了系统计算机的软件，并在工业级的 1750A 芯片上组装样机，进行试验，获得成功。得到美国的正样芯片后，研制人员用它取代了普通的芯片，装机后试验获得成功，从而实现了 1750A 计算机在风云一号 C 星上的应用。

1750A 计算机在风云一号 C 星上的使用取得了令人满意的结果，尤其是对提升卫星的可靠性和长期稳定性表现突出，之后多个型号卫星都选用 1750A 计算机作为星载计算机。该计算机工作稳定可靠，无故障发生，证明当初选用

1750A 计算机的决策是正确的。后来，欧洲的适合用 1750A 指令的微机芯片和 31750 芯片等陆续开发成功，使我国能绕过美国的封锁，设计制造新的 1750A 计算机。

风云一号 C 星上的大小技术创新，可以说都蕴含着孟执中对长寿命、高可靠这个目标的追求。

8. 瞄准卫星大容量固态存储器

卫星提供的全球三维气象资料，为中期数值预报提供全球三维空间的气象遥感资料，是极轨气象卫星一项重要的应用任务。

全球气象资料的积累，是气候预测和地球大气环境监测所必需的，但由于中国国土范围的限制，不可能在全球范围内建立许多地面站来接收卫星数据。当时，不可能租用国外的地面站，而中继卫星还不成熟，通过中继卫星来传送大容量的卫星气象资料数据还不能实现，只能在卫星上安装大容量的可反复读写的数据记录设备，记录卫星遥感仪器在境外段收取的气象资料数据，然后到国内地面站上空进行回放，来获取全球的气象遥感信息。

在地面计算机所采用的外存设备中，可多次读写的大容量存储器有磁芯、磁盘和磁带机。用作计算机内存的磁盘，制造技术复杂，难以承受卫星发射和空间环境的影响，且容量也不够大；而长空一号卫星上用的是磁芯存储器，容量太小；比较合适的是磁带机。因此，在设计风云一号 A 星、B 星的数传系统方案时，孟执中选择了多条磁迹、模拟量记录回放的小型磁带机，用作卫星延时回放的数据记录设备 DPT 记录仪。

该设备最初由上海航天局新光电器厂研制。该厂经过探讨认为，短时间内人员、技术条件上有困难，还不能研制出这种高精度、高可靠的仪器。经过进一步调研，确定将星载磁带机的研发工作转到有火箭适用的磁带机研制经验的

704 所。经过几年的努力，卫星磁带机研制成功，并成功应用在风云一号 A 星和 B 星的飞行试验中，获取了大量的境外飞行区域的气象遥感和卫星工程数据。

1993 年，在进行 C 星方案设计时，卫星的有效载荷——可见红外探测仪器的五通道改为十通道，延时回放的 DPT 云图资料由模拟量式改为数字化的记录回放方式，数据量大为增加。而原来 A、B 星用的模拟磁带记录仪，不论是容量还是读写速度，都已不能满足任务要求，因此要将原来的固定磁头设计方案改为多迹旋转磁头的方案。

方案确定后，立即开展新磁带机的研制。在研发样机时，研制团队遇到技术、工艺和材料等一系列难题，虽千方百计攻克难关，研制成功，做出了样机，但样机在参加测试中多次出现错误和故障，无法完成试验任务。卫星两总系统十分担忧，提出要另辟途径，闯过难关。

美国诺阿气象卫星，在全球范围内虽然有多处设站接收气象资料的优势，但他们还是采用卫星星载磁带记录的方式达到星上存储，然后回放的方案。为解决大容量和长寿命问题，美国以多达五台以上的磁带机接力使用。而“风云一号”的磁带机，由于体积、质量等方面的限制，无法采用这种方案。

1994 年年底，中国航天工业总公司组织了一个访问团去美国和欧洲访问，由张新侠局长领队，五院、八院有十多位科技人员参加，上海地区有孟执中。访问团在美国访问了东海岸的马丁公司，西海岸的劳拉公司，并参观了美国的气象卫星、通信卫星和他们的研制基地；在欧洲访问了欧空局所属的各大航天公司、空间中心等，参观了欧洲的静止气象卫星、SPOT 遥感卫星和通信卫星等。他们与欧美航天界的同仁就航天科技的现状和发展交换了意见，进行了讨论。

在访问法国航天公司时，一位公司的经纪人白诺地提供给了一份材料，介绍他所在的公司正在研发一种半导体存储器件组成的卫星大容量记录器，引起了孟执中极大的兴趣和关注。孟执中在座谈会上不断询问，会后还与他进行了交谈。在了解中方想要使用固态存储器的意图后，白诺地表示愿意合作开发。因为出国前没有和西方国家航天公司就存储器合作开发的意向，事关重大，孟执中一时拿不定主意，只好表示等回国与有关方面商讨后，再与对方进行商谈。不料等孟执中回到国内，白诺地也跟随而来，并直奔上海找到孟执中。于是孟执中与项家桢出面与其进行了合作开发大容量固态存储器事项的商谈。

经过多天的洽谈，合作的主要障碍是在产品研制的经费上。对方提出，开发研制一套 5Gbits 大容量的固态存储器样机，并提供一台装星使用的正样产品，总费用达到 700 多万美元，远超出中方的预算。商谈未取得一致意见，只好作罢。虽然这次合作未取得成功，但激起了项家桢和孟执中对自行研发星载大容量固态存储器的决心。

实际上，随着电子计算机技术和半导体数字存储器件技术的迅猛发展，集成度提高、存取速度快、电功耗小的半导体固态存储器取代磁带机很快就被人们意识到是星载大容量存储器的必然发展趋势。但是在当时的情况下，决定采用它，有很大的风险。

从技术上来讲，当时半导体固态储存的集成电路，只有每个芯片几百 K 的集成度，电功耗比较大，读取周期也比较长，能适合卫星用的存储器件性能指标更低。所以，能否拿到符合卫星需要的集成度高、速度快、低功耗的存储电路集成芯片是第一个困难。其次是存储器芯片的组装和散热问题，尤其是集成度高的芯片组装在一个很小的空间内，如何将内部产生的热量散出去是一个难题。第三个问题是存储器的抗辐射加固问题。第四个是闩锁问题，高集成度的集成电路易发生闩锁现象，且没有简便有效的办法排除。这些问题都需要认真解决，才能实现卫星上采用大容量半导体固态存储器的设想。

704 所早在旋转磁头磁带机攻关遭到挫折时，就想到了开发新的固态存储器。704 所风云一号 C 星磁记录器研制组负责人高伟拿了一份采用固态存储器方案的建议报告，由沈琮带回上海交给孟执中。可惜的是，不久一份去欧洲访问提供的考察报告，给出了一个不太准确的结论。报告中说大容量的固态存储器在卫星上应用，目前还不具备条件，只能是一个未来发展方向。于是，704 所的星载固态存储器的研制工作还未正式开展就中断了。

1995 年年中，总公司主管卫星预研工作的沈晓春处长遇见孟执中，问他风云一号卫星的磁带机问题是否已经解决。当他得知孟执中有采用固态存储器的意愿时，便告诉孟执中西安临潼的 771 所已经研发航天飞行器用的 Flash 固态存储器多年，已有产品可用，应赶快和他们取得联系，进行合作。孟执中与项家桢立即赴临潼 771 所现场考察，了解存储器的设计方案和研制情况，并决定在原有的基础上，按卫星使用的要求进行修改，以作为风云一号 C 星存储器的备份方案。孟执中多次往返临潼与上海之间，确定了风云一号 C 星固态存储器的备份方案，产品研制顺利开展起来。

当 771 所对原有产品进行改进设计时，上海航天局 809 所所长黄唯一从所的长远发展考虑，提出要开展固态存储器的研发。但为了避免重复工作，809 所新开发的存储器，以 DRAM 固态存储器的器件组成卫星存储器。这一安排取得了项家桢总指挥和局领导的同意，孟执中也很赞成。虽然后来总公司领导认为上海研发同一类产品，有重复研制之嫌，但还是同意了上海自筹资金开展研制工作。

1998 年，704 所研制的星载磁带机仍然未达到卫星使用要求，而 771 所的固态存储器产品已完成了研制，并参加了卫星的装星测试，性能稳定，工作良好。与此同时，809 所研制的 DRAM 固态存储器也取得了很好的进展。

1998 年年初，风云一号 C 星发射前夕，由于磁带记录器工作不稳定，达不到飞行试验的要求，孟执中最后决定风云一号 C 星的技术状态为 Flash 固态存储器和 DRAM 固态存储器各上一台，互为备份配置。在风云一号 C 星飞行试验中，两台固态存储器都得到考验，表现良好。卫星在长达六年的工作期间，每天为用户收取、存储和回放全球的气象资料，两台固态存储器为卫星的成功做出了巨大的贡献。后来的 D 星保持了这一技术状态，两台固态存储器也都出色地完成了各自承担的任务。

9. 战胜病魔，坚持到底

风云一号 C 星研制工作正在紧锣密鼓地推进时，1997 年秋天，一场顽症落在了孟执中的身上。

其实，从 1996 年开始，孟执中曾两度胃大出血，住进中山医院。住院后仍然出血，胃镜检查发现是胃和十二指肠溃疡，但没有找到大出血的位置。当时卫星正处于研制工作的繁忙时期，两次发病住院，孟执中都着急出院，回到岗位重新投入研制工作。

到 1997 年秋天，长时间工作的压力，加上老伴在美国照顾孙女，他独自一人在上海生活，日积月累，孟执中身上潜在的家族遗传病爆发了。起初表现为失眠并逐渐加重，白天还能坚持工作，但一到傍晚，脑子里就有一种紧张感，随后就出现幻觉和恐慌。当时，孟执中就知道是家族遗传病——抑郁症发作了。

从他父亲开始，孟家已经有三代七人得了这种情绪障碍的病，只是表现的症状不同罢了。这种病的特点是时好时坏，好的时候和正常人没有两样，发作起来会严重影响工作和生活。病情往往是初冬发作，到春末夏初好转。最初孟执中指望靠吃药能挺过去，但病情越来越重，影响到了工作。

“风云一号”总指挥项家桢知道情况严重后，一方面帮助落实医院、专家进行会诊治疗，另一方面打电话把病情告诉孟执中的夫人李珊。李珊闻讯后，立即从美国赶回来。在领导和同事们的关心照顾下，单位医务部门还专车送孟执中去无锡738疗养院休养。经过治疗，孟执中的病情逐渐减轻，最终平稳。但因工作的需要，孟执中在治疗期间并没有完全脱离工作，而是在同事们的关心下，边治疗边坚持工作。

1999年3月，进入基地进行卫星飞行试验前夕，孟执中的抑郁症已大为好转，于是项家桢提出安排李珊陪同孟执中一同进入太原卫星发射中心，参加风云一号C星的飞行试验。

5月的晋北，太原卫星发射中心，“哗哗”下了几场透雨。路旁的杨树悄悄地吐出了嫩芽，四周的山坡也披上了绿装，羊儿在草地上欢快地奔跑，一派生机盎然。一辆辆满载的大巴士往来穿梭，一群群衣着各异的人正忙碌着。

1999年5月10日上午9时33分，长征四号乙运载火箭托举着风云一号C星呼啸着飞向天空。火箭点火起飞749秒，卫星与火箭分离并准确地进入预定轨道。星箭分离90秒后，卫星成功地捕获地球，并建立了三轴稳定姿态。

成功了！坐在卫星发射中心地下控制室里的卫星总设计师孟执中，紧绷的脸上淌满了激动的热泪。沸腾了！队员们欢呼着、拥抱着。一份份贺电从祖国的四面八方传来，举国欢腾。

浩瀚的寰宇，又一次敞开博大的胸怀，欢迎这个远方来的“骄子”。我国自行研制的新一代改进型太阳同步轨道气象卫星，伸展着它那修长的太阳能帆板，在太空中自由地翱翔着。

卫星上天后，将在恶劣的太空环境中接受真正意义上的高可靠、长寿命的考验。卫星总设计师孟执中与行政总指挥项家桢在发射当天下午，顾不上连日劳累，经五塞机场直飞西安，奔赴卫星测控中心，与试验队员一起对卫星进行飞行控制。

清晨的西安，凉风习习。孟执中早早地来到卫星测控中心的控制室，静静地坐在卫星遥测数据终端的显示屏前，仔细地观察判读卫星飞行数据。孟执中熟练地敲打着计算机键盘，查看各种技术数据，及时掌握卫星在轨运行情况。每天晚上的现场技术汇报开会，孟执中总是认真地听取各系统人员的汇报，全面了解卫星各系统的工作情况，并对第二天的工作提出要求。汇报会开完，已是深夜 11 点多了，这时，孟执中才长长地舒出一口气。

孟执中为了卫星真可谓呕心沥血，由于过度操劳，1999 年风云一号 C 星取得成功后不久，孟执中因胃出血病倒了，住院开刀做了十二指肠部分切除手术。住院期间他还是闲不住，时不时打电话询问 D 星的进展。而设计师、技术人员们有什么问题，也都到病房里来研究，把病房变成了办公室。

10. 一颗真正的高可靠长寿命卫星

从 1994 年到 1999 年春，在卫星的研制过程中，孟执中十分重视卫星姿态控制分系统的设计工作，从方案设计到系统试验，从软件设计到硬件研制，每个细小的环节他都亲自过问和审查。为了进一步验证卫星姿控分系统的安全性和可靠性，孟执中带领研制队伍特邀上海交通大学、哈尔滨工业大学、北京航空航天大学的国内同行专家，对风云一号C星的关键技术进行复核复算，并对卫星进行连续200余天的半物理仿真试验，以充分验证和考核系统的安全性和可靠性。

1998年年初，卫星测控系统在进行星地对接时，发生了星载计算机软件中的“时钟溢出”现象。尽管此种现象发生的概率极小，但孟执中觉得隐患犹在，直到设计人员查明了问题，采取了可靠的防范措施，确保万无一失后，他才平静地对周围的人说：“你要人家对你的系统放心，自己一定要先放心，不能存在半点侥幸心理。”

经过五个年头的顽强拼搏，以及周到细致的工作，风云一号C星初样和正样两个阶段的研制工作终于完成，卫星进入太原卫星发射中心，在中心技术区和发射区进行了为期两个月的测试检验。

一次，在太原卫星发射中心技术厂房内进行固态记录器“录、停、放”的测试中，某所研制的固态记录器发生异常现象，27伏的供电电源比正常供给的电流增大了4安培。技术精湛的孟执中在现场稍做分析后，做出了正确判断，技术人员按此判断多次复现了这一异常现象，找到有效措施并及时将问题归零。

风云一号C星于1999年5月10日用长征四号乙火箭成功发射进入预定轨道，入轨后，卫星工作正常。经过星箭分离、太阳电池阵解锁、伸展锁定，姿控捕获地球目标，飞轮起旋实施控制，建立稳定姿态，并打开扫描辐射计、实时和延时云图发射机，接通辐冷器加温，CPL气管电加温，国家卫星气象中心云图接收站接到了实时和延时云图。5月31日，进行了辐冷机抛罩。6月10日，开通三个红外通道，地面站收到了三个红外通道图像，卫星工作正常，地面测

孟执中（右）与夫人李珊（中）、徐博明（左）在太原卫星发射中心参加卫星发射

控按预定飞行程序顺利进行，完成了初期测控阶段的全部工作。

6月24日至7月10日，由国家卫星气象中心主持，按照“风云一号C星在轨测试大纲”对卫星进行了在轨测试，内容包括卫星轨道、卫星姿态、卫星计时精度、测控、传输，星上记录存储、云图记录区的程控，有效载荷等性能和功能的综合性测试，测试结果表明，卫星性能指标符合任务书的要求。

7月11日，卫星正式进入业务运行，星上记录器录放比为1∶15，每天覆盖全球两次，卫星上的遥感仪器和云图传输正常，西安卫星测控中心按总体要求，对卫星进行在轨管理，卫星总体每天接收在轨遥测数据，进行分析和判读。在春分、夏至、秋分和冬至期间，进行两次连续记录300分钟延时遥测数据，研究和分析卫星在轨道时不同季节太阳光

1999年，任新民（中）与孟执中（左）、徐博明（右）在现场指导工作

照角和地面辐射对供电和姿态控制影响的变化规律。

2000年4月，卫星在轨运行近一年，研制人员对卫星进行了技术总结，所有的遥测参数表明，风云一号C星姿态稳定，电源分系统供电充足，测控分系统可靠，热控分系统控温良好，扫描辐射计和云图传输分系统运行稳定，性能优良。除电源分系统的少数分流损耗器因反复冷热交替变化、引起焊点脱离而失效外，整个卫星运行状态、功能和性能稳定，工作正常，满足任务要求，是一颗稳定、可靠的太阳同步轨道气象卫星。

从应用效果来看，风云一号C星的扫描辐射计具有可见光和红外共十个通道，比同期美国诺阿卫星的扫描辐射计多几个通道，在云、积雪、土壤温度、低层水汽和海洋水色等许多方面具有更强的探测能力。同时，由于它的全球延时回放资料具有四千米的均匀的空间分辨率，优于诺阿卫星的全球延时回放资料，首次实现了用中国气象卫星获取全球资料，在中长期天气预报、气候预测、全球环境变化研究、航空、航海等诸方面具有重要的应用价值。

风云一号C星技术进步突出在它是中国第一颗业务应用气象卫星，建立了国内的卫星气象业务体系，投入了业务运行，是中国气象卫星应用上的一个里程碑。

风云一号C星设计合理，研制技术流程正确，技术措施有效，充分继承了两颗试验星成功的技术和经验，并妥善地解决了01批发生的技术问题。同时，它采用多项国内技术领先或国际先进水平的平台技术，并取得了圆满成功。在解决中国长寿命卫星可靠性的问题上，风云一号C星取得了显著的进步。卫星质量好，工作稳定，性能优良，在轨运行期间未发生严重故障，是当时国内卫星在轨工作时间最长、最稳定的一个三轴稳定对地观察卫星平台，为国家极轨卫星平台技术的发展做出重大的贡献。

风云一号C星的遥感仪器和云图质量达到了国际先进水平，全球云图资料的获取能力和质量也达到了国际先进水平。风云一号C星实现了气象、海洋和空间环境的综合探测，做到了一星多用。

从卫星应用上，风云一号C星探测到的资料，经用户处理可以得到中国及周边地区的区域产品和全球产品，这些产品可自动定时对外发放。风云一号C星的资料不仅应用于自然灾害和环境监测，而且在军事和航空、航海气象保障中得到了广泛应用。

风云一号C星属于中国第一代极轨气象卫星，已达到业务应用卫星的要求。该星虽然从总体技术水平、尤其是星载遥感仪器的品种和数量等方面，与美国第三代极轨气象卫星诺阿相比还有相当大的差距（美国从1960年起，已经历了三代极轨气象卫星的发展，发射了48颗星），但其十通道扫描辐射计比美国第三代最先进的诺阿-15（1998年5月发射）的扫描辐射计，在环境监测方面具有更强的能力和更好的综合效能。该星具有更大的记录容量、更高的传输速率，具有局部的优势和特色。中国用三颗风云一号卫星走完了这一技术发展过程，而且C星的研制经费约两亿元，是中国航天的高效益产品。

风云一号C星的应用效果主要体现在社会效益方面，而且，随着国内农业发展和生态环境保护的需求增长，这种社会效益将越来越大。卫星资料的应用，也借此通过间接的方式转化成经济效益。

1999年，孟执中（右）与项家桢（左）在一起

11. 事业上的“黄金搭档”

在北京中华世纪坛，有一个铭刻中华五千年文明纪录的青铜板长卷，在20世纪末的一块青铜板上刻着我国航天事业的历史记录：1999年5月10日，风云一号气象卫星C星发射成功。成功的背后凝聚着卫星战线研制人员的心血，更离不开孟执中与项家桢这对黄金搭档。项家桢常常对人说“孟执中想的就是我想的”，对于孟执中来说，还有什么比这种理解和支持更可贵呢？

孟执中不会忘记，为了卫星的研制，项家桢多少次废寝忘食。由于工作的关系，项家桢来往于京沪之间不知多少次。妻子和儿子对他说起，想去北京看一看长城，项家桢总是说：“等到卫星成功了，我陪你们去。”他的身体状况不好，但他从来不吭一声。在那些紧张的日日夜夜里，项家桢看到孟执中累得病倒了，知道这个时间可不能两个主心骨都倒下，就始终咬牙坚持着。无论是在上海还是在基地，为了卫星的早日成功，他在“风云一号”的研制工作中殚精竭虑。在基地期间，项家桢带病工作，把整个身心都交了出去。风云一号C星发射成功时，他和当时的国家卫星气象中心主任钮寅生紧紧地拥抱在一起。没有更多的话语，流淌着的是两个人的热泪。然而，没等项家桢陪伴妻儿去游览长城，长期带病工作的他倒下了。1999年5月10日发射成功后，他就住进了医院，后于当年10月病逝。项家桢去世的噩耗传来，孟执中不相信这是真的。孟执中严重失眠，有时夜里思念到了极致，常常觉得他其实是出差去了一个遥远的地方，说不定什么时候就会回到研制队伍中来。

上海航天创建40周年的庆祝晚会上有一段诗朗诵，就是献给项家桢的。诗朗诵中描绘了这样一个情节：项家桢病危临终之前，用手比划着，关切地询问天上的C星还在运转吗？朗诵至此，台上台下泣声一片。此时，孟执中仿佛看到，项家桢正化作灿烂星河中的一颗星，熠熠地发着光芒，深情地注视着大家。

风云一号C星被评为国家科技进步奖一等奖后，孟执中在总结会上激动地说：“这是党和国家给予我们的荣誉。这荣誉并不属于我们几个人，而是属于集体，属于大家，属于直接或间接领导、组织和参与了风云一号C星研制工作的所有人员。我们向所有为卫星的成功出过力、流过汗的人表示衷心的感谢。”在获奖感言结束后，为表示对“风云一号”总指挥项家桢的深切缅怀，孟执中提议，与会者向项家桢默哀。孟执中经常想到已故的风云一号C星总指挥——项家桢，那份强烈的思念自家桢去世至今，始终不能释怀。

风云一号卫星的研制过程是曲折而艰辛的，风云一号C星是在前两颗试验卫星的基础上，吸取了经验和教训而研制成功的。为了卫星的成功，成千上万的人通力协作，努力攻关，一丝不苟，无私奉献。这是所有参与人员辛勤拼搏的结晶，是全国大协作的结晶。大家的心中，只有一个目标，就是为我们的国家研制一颗达到世界先进水平的高质量卫星。

风云一号C星在整个研制过程中，一直到成功发射和稳定运行，涉及到的单位和人员可谓方方面面、许许多多，涉及到的各项工作可谓大大小小、林林总总。是什么促使大家拧成一股绳，向着一个既定的目标，有条不紊，严格要求，一步一个脚印地前进，最终到达胜利的目的地呢？

孟执中认为这其中最主要的，就是神圣的目标使团队产生了无比的精神动力，这一精神动力推动团队为了这一目标的实现而百折不挠，拼搏前行，不达目的，誓不罢休。一个型号从立项研制到成功，往往需要克服许许多多的困难，攻克许许多多的技术难关，完成许许多多的工作，往往需要几年、十几年的时间，研制任务的艰巨性和长期性考验着每一位科技人员。期间，大家不仅要解决许多技术上的难题，还要承受精神上的压力，体力和精神上的付出都是巨大的。风云一号卫星的总设计师孟执中，作为这个项目的第一完成人，在研制发射卫星的过程中，以高度的责任心始终战斗在第一线。超负荷的精神压力、过度紧张的工作，使他患上了严重的神经衰弱症，常常连续几夜难以入眠。胃溃疡出血、十二指肠出血，发射成功后，孟执中大病了一场，被送进医院，动了一次大手术。

风云一号卫星为国家争了光，是铸造卫星的航天人的最大荣耀。有多少航天人，像项家桢一样，把自己的生命刻在了中国航天事业的辉煌上！

孟执中

孟执中院士传记

Academician Meng Zhizhong's Biography

第十二章

D星追踪风云变幻

在风云一号C星取得圆满成功后，面对国外亲人发出在国外团聚、安度晚年的邀约，他实在割舍不下为之奋斗一生的航天事业，又投入后续卫星的研制工作。

风云一号D星是为接替风云一号C星而研制的国内第二颗业务应用极轨气象卫星，卫星的主要任务和使用要求均与C星相同。风云一号C星虽口碑甚佳，但金无足赤，科技人员经过多次试验，终于去除了C星红外地平仪的“病根”，使D星不再有什么“头疼脑热”。因此，孟执中对风云一号D星长期可靠地稳定运行很有信心。

1. D星并非C星的克隆星

尽管D星的任务只是“接班”，但绝不是C星的简单克隆。风云一号D星自2000年正样设计，除在可靠性设计、分析、试验等方面充分继承了C星的成功经验和成熟技术，为解决C星在轨运行中暴露的问题和薄弱环节，进一步提高卫星的稳定性，D星的技术状态做了14项修改。

1999年8月30日至9月1日，在风云一号C星技术总结会上，八院与用户单位协调了风云一号D星研制的技术状态和要求。为了解决C星在轨运行中暴露的问题和薄弱环节，提高卫星的可靠性和稳定性，D星与C星相比，又做了几个方面的修改。一是根据C星在轨测试中发现的问题而提出的修改项目，包括：采用高阻常规电池片，进一步延长卫星寿命；红外地平仪采用微分门限检测方法检出地球方波信号，星载计算机软件增加地球模型查表程序等，修正升、降轨俯仰姿态1度的固定偏差；按用户要求重新调整了天线的赋形波束，改善地面小站低仰角接收效果；提高输入动态范围，遇到强目标信号时，图像中不会出现黑条纹；改善安装工艺，保证测温值与实际值一致；提高DCDS接收机抗地面干扰能力；抑制星内电磁干扰，提高测温热敏电阻安装可靠性。二是针对卫星在轨运行后期暴露的问题而采取的改进措施，包括：损耗器电阻片之间采用镍镉带激光焊接，提高电阻片间的连接强度，克服空间长期高低温交变的影响；在卫星入轨初期或全日照、太阳电池阵功率过剩时，增加能源调控手段；提高磁头抗辐射能力，降低磁基准信号的门限电平；改进光纤耦合器制作工艺和检测方法，加强抗辐射措施，避免将有微损伤的光纤带上天，提高光纤耦合器的抗辐射能力。三是修改遥控指令码表。风云一号D星按照研制程序和质量控制要求顺利开展研制。

2000年11月，中国航天科技集团公司主持召开D星技术状态评审会，确定整星技术状态。完成卫星总体和各分系统及单机的正样设计评审。完成对超期元器件的复测复验工作，以及对重新补缺订货元器件的验收、筛选和齐套工作。完成星载计算机

2002年，孟执中（左一）在太原卫星发射中心技术区卫星测试现场

软件的修改设计评审与测评。完成卫星结构加工、壳体装配以及执行机构管路焊接与检漏等工作。完成单机研制与交付验收。完成卫星总装。

2001 年 4 月，完成卫星出厂前的电联试、质量特性测试、磁测试与磁补偿、噪声试验、振动试验与检漏、热真空试验等各项整星试验。5 月至 11 月，进行 5 次共计 312 小时的整星电老炼考核试验和 1 次整星电测。2002 年 1 月分别进行备份单机的电性能复测；2 月完成发射星改装；3 月完成第四次整星电测。

2002 年 5 月，孟执中不顾身体的虚弱多病，仍随风云一号 D 星进入发射场。

2002 年 5 月 15 日上午 9 时 50 分，中国第一代极轨气象卫星的第四颗卫星风云一号 D 星，在太原卫星发射中心由长征四号乙火箭成功发射。当这颗倾注孟执中和全体研制人员心血的卫星飞向太空时，他们热泪盈眶。

至此，在茫茫太空之中，中国拥有四颗气象卫星追踪风云变幻。风云一号D星性能达到了世界先进水平，为中国入主世界气象卫星大国“俱乐部”增添了一块重重的砝码。

风云一号D星是中国自行研制的第一代太阳同步轨道气象卫星的第四颗星，它在太阳同步轨道上102.3分钟绕地球飞行一圈。卫星采用三轴稳定对地定向控制技术，设计寿命为两年。风云一号D星可以实时或延时发送数字云图，主要任务是获取国内外大气、云、陆地、海洋资料，进行有关气象数据收集，用于天气预报、气候预测、自然灾害和全球环境监测，还可为卫星工程和空间环境研究提供监测数据，对研究中国乃至全球气候变化有重要作用。

在C星正式“退役”前，C星与D星将姊妹花开、双星高照，共同为中国和世界气象业务效力。

风云一号C设计寿命两年，至2006年年末，卫星一直在轨稳定运行，是当时国内运行寿命最长的对地观测卫星。且卫星姿态稳定、性能优良，仍在恪尽职守地监视着地球及其大气层的风云变幻、发回清晰的气象云图。2000年8月，该星被列入世界气象业务应用卫星的序列。

2002年5月15日，风云一号D星由长征四号乙火箭成功发射升空。至2010年，卫星一直在轨稳定运行，也是当时国内运行寿命最长的对地观测卫星。严格的在轨测试结果表明，风云一号D星与美国同期最新的诺阿卫星的同类仪器比较，性能指标相当，并具有中国特色。卫星在长期的业务运行中，获取了大量优质的全球气象和环境资料，为国民经济建设、为气象和环境预报以及国际气象事业做出了巨大贡献，成为国际气象组织业务应用卫星。

2. 风云一号卫星“后继有人”

在研制风云一号D星的同时，孟执中还肩负着风云一号卫星的升级换代产品——新一代太阳同步轨道气象卫星“风云三号”总设计师的重任。

尽管风云一号卫星取得了突出的成绩，但我国的极轨气象卫星还是远跟不上用户的需求。20 世纪末，全球气候和生态环境恶化，我国急需发展全球气象和环境监测综合型的对地观测遥感卫星。美国的极轨气象卫星从 1978 年的 TIROS-N 开始，在卫星上装了多种微波遥感仪器。除了能够探测地面的二维的可见光和红外遥感图像外，还能够提供地面包括大气层垂直分布的三维资料，观测频段从可见红外线扩展到微波，实现了全天候、多光谱的探测。国家气象局在气象工业发展规划中早就提出：在发展第一代极轨气象卫星“风云一号”之后，要抓紧研制发展我国第二代极轨气象卫星“风云三号”。从 1990 年开始，该卫星的总体方案研究和卫星上的观测遥感仪器的技术攻关和试制启动。尽管研究经费不是很充裕，但卫星总体和使用、承制单位，尽可能地争取和创造条件，克服困难，工作取得了很大的进展。1999 年，国家正式批准风云三号卫星立项研制，任命孟执中兼任“风云三号”总设计师，同时任命高火山为卫星型号总指挥，侯建文、董瑶海和孙允珠为副总设计师，风云三号卫星研制工作全面展开。在此期间，风云一号 C 星、D 星正在飞行试验的高峰期，因此一支队伍要兼顾两个型号，大部分的研制人员都身兼两职。孟执中的主要精力还是放在了风云一号卫星上，对“风云三号”的工作只能不时关注一下，主要的工作由高火山、侯建文、董瑶海、孙允珠和蒋光伟等担当。特别是孙允珠，承担了大部分卫星总体方案的研究任务，尤其在卫星遥感仪器的配置方案和样机研究等方面做出了很有成效的工作。2002 年，风云一号 D 星发射成功，正常运行，孟执中和大部分研制人员才能够全身心地投入到风云三号卫星的研制中。

孟执中

孟执中院士传记

Academician Meng Zhizhong's Biography

第十三章

中国“风云”闯世界

作为资深的气象卫星专家，孟执中把自己的心血和热情毫无保留地挥洒在我国气象卫星事业上，每一颗极轨气象卫星都凝聚了他对我国气象事业的辛勤付出。

中国风云系列气象卫星在气象、减灾、水文、海洋、农业、林业、民航、交通、电力等部门的广泛应用，不但对促进我国社会、经济的快速发展做出了贡献，也为周边国家乃至世界上许多国家提供了重要帮助。风云系列卫星以“爱心使者”的身份逐步走出国门，并受到了相关国家的赞誉和好评。

1. 姿轨控系统方案的确定

风云卫星的队伍经过两个型号的磨炼，年轻人已逐渐成熟，无论在技术和经验等方面都已经赶上，或者说超过了一些老同志，他们对新的科学技术有很高的敏感度和接受度，对计算机的运用有很强的能力。尽管按上级领导的安排，孟执中担任风云三号卫星的总设计师，但他清醒地意识到，自己已到了古稀之年，应该主动让贤，把事业传承给年轻人。为此，孟执中向领导多次推荐和请求，尽快让年轻的技术骨干担当起风云三号卫星的研制重任，相信年轻人能很好地完成任务，打开新的局面。他密切配合和协助年轻的科研人员工作，在研制工作遇到困难或者发生矛盾时，孟执中总是积极主动地去化解矛盾、解决困难，使工作能够顺利进行。期间，他除了在面上指导和协助工作外，还大胆地用自己的实践来启发年轻人，将关键技术传给年轻人，并重点关心和参与了两个方面的工作，一方面是姿轨控分系统的设计，一方面是微波成像仪的研制，在其中发挥了关键作用。

风云一号 A、B 两颗卫星的中途夭折直接原因都是姿轨控分系统发生故障。虽然在风云一号 C、D 两颗卫星上做了大量的工作，初步解决了对地观测卫星的高可靠和长期稳定工作的难题，但卫星半途夭折的教训深深地刻在每一个风云卫星研制人员的心中。

风云三号卫星是中国自行研制的新一代极轨气象卫星。从风云三号卫星研制一开始，孟执中就把其姿轨控分系统的高质量、可靠性放在了最重要的位置。

为设计好风云三号卫星姿轨控分系统，从 1998 年到 2002 年这段时间，孟执中在风云三号卫星姿轨控分系统设计队伍还处在紧张的风云一号卫星飞行试验阶段，就安排了部分科研人员在侯建文的带领下，与哈尔滨工业大学航天学院的研究小组，共同对风云三号卫星的姿态动力学和姿控分系统方案进行深入详尽的研究，编写了四本研究报告。

2003 年，他们又共同进行了风云三号卫星姿轨控分系统总体设计方案的论证和设计。这个设计方案继承了“风云一号”姿控方案和技术；特别强调了系统的可靠性，但忽视了对系统控制精度等性能指标的要求，片面地以为气象遥感卫星图像扫描幅宽大，但地面几何分辨率要求并不高，而未加深入研究。提交的总体方案报告基本上是风云一号卫星姿控方案的翻版，是一个简单的无偏航姿态角敏感信号反馈控制的偏置动量轮控制方案。为了适应卫星从“风云一号”到“风云三号”的改变，只将原来风云一号卫星姿控分系统的 20 牛·米·秒偏置动量轮提高到用两支德国 Teldix 进口的 V 形安装的 68 牛·米·秒的动量轮来替代，为克服“风云三号”比较大的内外干扰力矩的影响，设计了多种干扰力矩的前馈补偿措施。

2004年，风云三号卫星由方案研制转初样研制时，对联合设计的初步设计方案进行了复查，复查结论是对风云一号卫星姿控分系统简单改进的方案满足不了任务的精度要求。

此时，风云一号C、D两星都进入了长期在轨稳定运行阶段，812所姿控分系统研制队伍的主力转入"风云三号"任务，参加了复查分析讨论会。大家边分析、边做仿真试验、边评价方案的合理性和可行性，最后得出的一致意见为，审查提出的"风云三号"姿轨控方案要满足当前卫星的姿控精度和稳定性已经是很勉强，若考虑到遥感和卫星技术的高速发展，对卫星姿控精度要求还需要进一步提高。以"风云一号"到"风云三号"的变化为例，卫星气象遥感图像的几何分辨率就从1.1千米改进到了250米，提高了四倍以上，对卫星的姿控精度的要求也相应提高四倍。所以，"风云三号"姿控分系统方案必须做大的修改，提高性能，才能满足使用要求。

但因为工作量大，时间又紧迫，原来负责论证和执笔编制方案报告的同志已离开了岗位，转而参加其他型号的工作。同时，参加合作的哈工大研究生已回校准备毕业论文、参加论文答辩和结业，不再参加风云三号卫星姿轨控分系统的设计工作。而从风云一号卫星转到风云三号卫星工作的同志对风云三号卫星方案设计前前后后的情况不很了解，接手这项任务感到为难。

在这种情况下，孟执中与812所领导商讨后，决定由他本人和总体部的董瑶海副总、程卫强主任设计师，以及科研三部的谢红军一起，每周三个半天在812所蹲点，和所里同志共同研究，边讨论、边试验、边修改方案。经过一段紧张有序的工作，提出了方案的修改意见，然后又在南翔、旗东村集中有关科技人员，进行方案的子系统和模块的设计，包括部分软件的编制。最后在千岛湖淳安召开了修改方案总结会，通过了修改设计方案。实践证明，修改后的"风云三号"方案可靠性高，安全性好，控制精度也达到了较高的水平。这一方案现已为多个上海抓总研制的卫星姿轨控分系统所借鉴。

从原设计方案缺陷的发现、方案修改、仿真验证试验，到修改方案决策认可，孟执中与董瑶海、程卫强和谢红军等一起在现场参与工作。通过风云系列气象卫星的研制过程，孟执中不仅与科研人员一起研制出了高可靠、长寿命的卫星，还带出了一支奋战在卫星领域、技术高超、品德优良的队伍。

2006年，经上级机关与卫星用户同意和批准，孟执中卸任“风云三号”总设计师职务，由董瑶海继任这一职务。不久，国防科工局任命孟执中为风云三号卫星工程副总设计师，协助孙敬良工程总师工作。董瑶海主持风云三号卫星型号的技术抓总工作，带领着型号队伍不负众望，取得了很好的战绩。

2. 微波成像仪的研制

微波成像仪是我国新一代极轨气象卫星“风云三号”的主要有效载荷之一，也是我国第一次研制的星载微波成像遥感仪器，是八院首次承担研制的卫星有效载荷。

微波成像仪主要采用微波辐射计技术。该项技术美苏在20世纪60年代才开始研究，1978年在国防气象卫星和海洋卫星上开始业务应用。由于我国技术基础薄弱，直到20世纪80年代才开始星载微波辐射计的预先研究。但由于技术难度和复杂性，经历了近十年时间的研究，关键技术也未突破。

随着我国气象卫星事业的发展，20世纪90年代初期，新一代极轨气象卫星要求装载微波成像仪。面对当时的技术瓶颈，国防科工委和航空航天工业部相关部门提出组织一支新团队开展有关的技术预研。

在孟执中的支持和帮助下，原813所立即组织了一个课题组，承担起微波成像仪技术预先研究任务。同时他积极支持年轻人勇挑重担，推荐年仅35岁的吕利清成为我国首台微波成像仪的主任设计师。

虽然争取到了机会，但基础差底子弱却是不争的事实。该课题组除了了解到一些微波技术原理外，从未搞过微波遥感研究，从未干过卫星产品研制。即便是微波技术，也从未设计过10GHz以上频段的遥感仪器，在国内也没有相关的技术保障测试条件和相关测试技术。

当时风云三号卫星总设计师孟执中从立项、开题到预研结束的全过程都参加了课题研究，发挥了指导作用，对项目立项和课题的完成起到了引领作用。尤其是在机电热一体化技术和卫星环境工程方面，对课题组做出了直接、具体的指导。

1994年，813所开展微波成像仪技术立项工作，共进行了五次立项审查，每次孟执中都抽出时间参与其中，在有关扫描驱动机构的寿命和热控技术等方面提出了具体的建议，弥补了方案设计中的缺陷。2000年微波成像仪技术完成预研任务，结题总结时，孟执中是总结的评委之一。

针对微波成像仪定量化应用的要求和国内缺乏微波辐射标准，他在评审意见中提出并呼吁上级机关要重视微波成像仪的定标问题，及早部署相关研究。微波成像仪定标技术能够开题研究，孟执中是重要支持者和参与者。孟执中高

1996年，孟执中（后排左二）与研制人员赴俄罗斯考察

度重视新技术、新产品的风险识别与控制。在风云三号卫星总体方案中，明确了微波成像仪及其定标技术是风云三号卫星十大关键技术之一。在研制过程中，对微波成像仪技术方案进行严格审查、把关，保证了产品的质量。

孟执中还积极呼吁和支持开展国际合作。从引进俄罗斯研制的微波成像仪搭载上天，到两条腿走路（以俄罗斯研制为主，自行研制为辅），再回到独立自行研制，孟执中多次实地调查、研究，在零下 27 摄氏度的严寒下赴俄罗斯现场调研，参与微波成像仪方案制定。

俄罗斯的莫斯科动力学院从事航天技术研发有丰富的经验，在中俄合作协议签订后，他们很快提供了适合风云三号卫星采用的合作研发的初步设计方案，而且报价较低。经过与另一家提供的合作协议比较后，我方决定采用与莫斯科动力学院合作研发的方案。由我方提出要求，莫斯科动力学院为主进行产品设计和试制，813 所派出技术人员参加设计研制工作，边学习、边监制。

刚开始，技术攻关和设计试制工作进展还比较顺利，经过努力，一些技术难题得以解决。但进入组装试验阶段，由于俄方在组织管理上的混乱，组织松懈现象渐显，工作进展缓慢，甚至一度停顿，进度离要求越来越远，经过我方

2002年12月，孟执中（中）与调研组在莫斯科

多次催促，效果不大。在这种情况下，孟执中带队组团，赴莫斯科动力学院现场检查和督促，要求对方加强领导、加强管理、加快工作进度。代表团回国后，俄方工作情况有所改善，但离我方要求的进度差距仍然很大。经我方再三催促，并再次组团去莫斯科检查和验收样机，才把初步调试后的样机运往上海。

813所组织了包括用户代表在内的测试验收小组，对样机的电性能进行了测试试验，样机的功能和性能部分合格，而样机的机械结构强度差，无法进行环境适应性试验。为此，我方组织了审查评议，评议的结论认为：样机功能基本齐全，但性能指标与要求差距很大。

根据俄方当时的工作情况，如果要再研制一台满足性能要求、能够通过环境试验的产品，在短期内是不可能的，更不要说在规定时间内完成正样机的生产。孟执中和各方领导进行会商后，决定暂停俄方下一步研制计划的实施，改由国内自行研制。虽然俄方代表十分惋惜，但在事实面前，只能同意中方意见，中俄合作项目暂停。

在向领导请示之后，我方立即重新组织队伍，在俄方样机的基础上自行研制初样和正样产品，选择国内强势单位，重新分工定点。813所为抓总单位不变，负责产品总体设计和研制，成像仪的结构机构由805所研制，系统和接收机电子电路由813负责设计研制。为了加快进度和解决原先俄罗斯没有很好解决的两个关键技术，我方又组团去德国考查，并与德国航天公司签订由德方提供电子转动筒和动量补偿电路，以及活动体与固定框架之间的信号电源传送的多路导电滑环合作协议，与中科院空间中心和爱尔兰公司合作分别研制89G的接收机前置低噪声放大器。813所总体还承担了地面辐射定标的试验任务，与509所合作，改装KM2深冷热真空实验室，多种口径的面源黑体由航天科工一家单位负责研制。而定标试验的方案制定、试验数据分析、计算，邀请了全国各研究微波遥感技术的研究所和高校的研究人员和教师参与。在领导和各方人员的支持帮助下，微波成像仪研制工作虽然困难很多，但经过充分的研究和试验验证，集思广益、群策群力，一个个问题迎刃而解，经过几年的努力，我国终于研制成功了合格的微波成像仪。2008 年国内自行研制的第一台微波成像仪随风云三号卫星成功发射，在轨工作正常，发送回大量的数据资料。微波成像仪的飞行试验成功，不仅大大鼓舞了国内科技界人士，在国际上也获得了很大关注和很高的评价。

扫描是微波成像仪成像的必要条件和基础，高稳定、高可靠、长寿命的扫描驱动机构是微波成像仪技术关键和难点之一。孟执中充分发挥其在此方面的技术专长，帮助抓总单位选择扫描驱动机构的设计方案和研制定点单位。

振动试验是微波成像仪发射入轨必经的一关。第一台微波成像仪研制出来（2003 年）后，到 509 所按照拟定的试验条件做单独的振动试验。原定的试验量级要求为 9g，仪器及其试验工装达 450 千克，不仅仪器面临振动试验风险，连振动试验台也面临安全性的风险考验，现场的仪器设计师和振动台试验管理工程师无人敢签署试验的进行。孟执中根据实际情况和总体所有关同志进行了仔细分析、讨论后认为，原指标要求过于保守，可以适当降低，并指示振动试验台设置安全保护措施，才使得试验得以继续进行。结果在进行最后一个方向的振动试验时，振动台安全保护机构启动、停振，安全地结束了试验。

试验结束后，长期在振动实验室工作、临近退休的工程师杨裕斋感叹道:“我在实验室工作了一辈子，这是第一次遇到华东地区最大的振动台停振保护。没有孟总的决策，今天的试验不可能进行。”

通过微波成像仪第一次振动试验，发现了微波成像仪在耐受振动方面存在的问题是扫描驱动轴系在振动后发生位移。围绕该问题，孟执中在三个月内，每周三次到 813 所，组织各方力量，分析原因，采取改进措施，最终解决了关键的技术难题。

微波成像仪完成初样鉴定试验，进行了初样研制总结。813 所围绕技术保障提出技改立项方案和技术保障建议书。国防科工局组织评审时，个别单位的专家对立项报告和方案条件的需求提出了异议。孟执中据理力争，围绕科学技术目标坚持了型号保障需求，确保了微波成像仪技改保障条件的落实。

2006 年年底，微波定标系统保障条件建设完成后，微波成像仪电子组装筒（初样）第一个进罐开展定标试验。试验完成后的数据表明，个别通道定标精度不符合用户使用要求。当时孟执中已经年过七旬，但依然保持严谨朴实的工作作风，指导课题组设计师分析原因，找出了设计中的偏差，改进设计和试验方法，经二次试验检验后，用于正样产品优化。

这一年，微波成像仪的研制和试验工作是在航天新区进行的。当时的航天新区生活条件非常艰苦，尤其是午饭都无法解决。七旬老人孟执中和青年设计师们同甘共苦，吃着十元标准的盒饭或团餐，其精神品德影响和激励着年轻一代艰苦攻关。

2007 年，风云三号卫星计划当年发射。在与用户讨论沟通在轨应用时，微波成像仪研制课题组与用户代表产生了分歧。孟执中和年轻的设计师们一起，连续就此问题分析研讨了将近十天，站在系统的高度，运用系统思维方法指导问题的解决。定标

上海航天局局长金壮龙（左二）听取孟执中（右二）等人介绍卫星研制情况

精度虽然只是一个指标，但影响该数据的变量有几十个。从微波成像仪天线、接收机到星体环境，从太阳、月亮到星星，尤其是热定标源反射镜背对地球，困扰着微波成像仪在轨应用的定标精度。孟执中指导设计师们一个一个问题讨论，一组一组数据分析，最终确定了利用地球历史辐射数据为基础、降低地球辐射对热定标反射镜的影响、提升在轨定标精度的方法，用研双方达成一致。

孟执中（右二）在卫星工程研制总结会上讲话

2008年5月27日11时33分，长征四号丙火箭成功搭载风云三号A星精确进入轨道，12时40分左右，卫星飞行第一圈第二弧段，根据卫星飞行程序，微波成像仪第一次开机，按照控制指令完成了微波成像仪天线展开、热镜抬升和转动体解锁，建立了微波成像仪在轨工作状态。

6月3日20时左右，卫星飞行第105圈，微波成像仪第二次开机，完成了微波成像仪接收通道和扫描驱动器开机，微波成像仪进入在轨遥感工作模式，获取了在轨遥感图像数据。2008年10月，微波成像仪完成了在轨测试，形成在轨测试报告，通过在轨交付评审。

经美国NESDIS和欧洲数值预报中心的初步分析验证，表明风云三号A星微波成像仪数据，经过在轨交叉定标和数据处理后，通道亮度温度数据达到了国外同类遥感仪器测量精度。该仪器通道亮温数据可以进入一维同化系统进行大气和地表参数的协同反演，生成的产品可进一步通过三维同化，生成液水路径、水汽含量、地表发射率、地表温度等主要大气产品和地表定量产品，提高了模式预报精度。美国专家认为：微波成像仪数据达到了国外当前同类仪器的测量精度。实践证明微波成像仪获取的资料十分宝贵，具有重要应用价值。

从1988年9月7日成功发射的风云一号A

星，到 2010 年 11 月 5 日发射的风云三号 B 星，20 多年时间，我国已成功发射 11 颗气象卫星，极轨气象卫星实现了升级换代、跨越式发展，达到了世界先进水平。

从 2000 年开始，世界气象组织的正式出版物中，将我国风云一号和风云二号气象卫星列入全球气象卫星业务观测系统，大量国际用户直接接收和利用我国的风云卫星资料。据不完全统计，目前接收中国气象卫星的国家和地区达 70 多个。

风云系列卫星以“爱心使者”的身份逐步走出国门，受到了相关国家的赞誉和好评。

风云三号 A 星入轨后，已在全球资料的获取、天气监测分析、数值天气预报、大气环境监测、地表环境监测、地球射出辐射监测以及空间天气监测等方面发挥了重要的作用。其遥感监测材料上报国家气象局决策服务中心，被重大事件专报和两办专报引用 20 余期。至 2009 年 10 月，该星数据存档总量超过 200TB。

3. 收获时分

来不及和同事斟一杯庆功酒，来不及和相濡以沫的老伴分享成功的喜悦，“风云一号”总设计师孟执中 2002 年的春节，是在国外与国际同行进行学术交流中度过的。多少个春节，孟执中的夫人李珊是一个人过春节——家里两个儿子赴美求学十几年了，孟执中也经常在基地过春节。

孟执中从 1983 年开始，担任风云一号卫星的总设计师，二十余载卧薪尝胆。如今风云一号 C 星获得国家科技进步奖一等奖，孟执中怎能不高兴？作为孟执中的同行和伴侣，李珊最能描绘出老孟的心情——经历过风雨，才知道彩虹的绚丽；经历过万千次挫折，才品尝得出胜利的甘甜。作为中国航天发展历史

1988年，孟执中（右二）参加上海市委举行的卫星发射成功庆功晚会

的见证人，看到如今的C星远远超出设计寿命，个别性能指标甚至超过美国第四代最先进的诺阿-15卫星，孟执中怎能不高兴？

孟执中夫妇投身航天事业时，正值国家百废待兴阶段，科研经费有限，每次进场发射，科研人员都要自备干粮、咸菜……经费拮据导致研发周期延长，设计与计算手段原始、试验与验证条件落后、研制人员能力与经验不足，也常导致研发周期严重延长，七八载方能出一个型号，有时甚至十几年才能出一个型号，心里那个急啊！看如今，国运昌盛，我国航天事业已跻身世界航天大国之林，迎来大发展的机遇。进入2002年，上海航天局各种型号的发射任务就达十次之多，为历年之最。广大航天科技人员事业有干头、有奔头，这样的好时代，怎会没有好心情？

从1988年9月7日，我国第一颗试验星风云一号 A 星升空，标志着我国终于有了自己的气象卫星。虽然 A 星只工作了 39 天，但却为后来研制积累了一定的经验。从风云一号 B 星工作 165 天寿命，到风云一号 C 星连续稳定运行 7 年和 D 星连续稳定运行 5 年，从试验星的“出师不利”到业务星的“功德圆满”、超期服役，其中凝聚了一代代辛勤耕耘在气象卫星事业上的中国航天人的多少汗水。卫星为国家争了光，是铸造卫星的航天人的最大荣耀。

孟执中以其在卫星研制中所做出的贡献，先后多次被授予上海市劳动模范，他的大幅照片和事迹于“五一”国际劳动节期间在上海人民广场展出。

1999 年 10 月 1 日，孟执中作为“风云一号”总设计师，被邀请出席了中华人民共和国 50 周年国庆观礼。那天清晨，孟执中与出席观礼的代表一起，来到天安门旁的劳动人民文化宫，然后走向天安门国庆观礼台，天安门中间是金水桥，两边就是观礼台。孟执中站在最前排，与航天元勋任新民、杨嘉墀、孙家栋和梁晋才等，亲眼观看了江泽民主席检阅受阅部队。阅兵式庄严隆重，天上的飞机，地面的导弹武器……上海航天的多型导弹参加了检阅，让人们看到了国家正在走向繁荣富强。

晚上夜幕时，孟执中还在天安门观礼台上，观看彩灯和烟火。孟执中心情很激动，观礼台上，他更加深切地感到党对他们这些搞科研的知识分子的重视和关怀，受到莫大的鼓舞。

孟执中先后荣获国家科技进步奖一等奖 1 项、二等奖 1 项，部委级一等奖 3 项、二等奖 2 项；2002 年获何梁何利基金科学与技术进步奖。

2003 年是孟执中生命中最出彩的一年。他当选为中国工程院院士，他的长孙也是这年诞生，一切来得那么自然。

孟执中

孟执中院士传记

Academician Meng Zhizhong's Biography

第十四章

情洒“风云”意切切

在研制风云一号气象卫星的那些年，孟执中的心里始终装着天上的那一对“宝贝”——风云一号C星和D星，为这对“宝贝”倾注了满腔心血。

当风云一号、风云三号卫星总设计师孟执中迎来了他生命中的第70个年头时，中国工程院院士的称号落在了他的头上。家人和同事为此准备了一顿简单而充满喜气的晚宴。趁家人和同事聚在一起的这个难得时机，孟执中诚恳地表达了自己的心声，他说，自己所取得的一点点成绩，都与领导的关怀、同事们的支持和老专家的培养分不开，是航天事业造就了他，是无法割舍的航天情激励着他。

1. 心中始终装着天上的“宝贝”

孟执中在主持风云一号气象卫星研制工作中，指导并采用了国内第一个星载控制数字计算机的三轴稳定姿控方案，参与并组织了折叠展开式太阳电池阵、固体润滑反作用飞轮、卫星防污染技术等项目的攻关，提出并建立了我国第一个地磁环境中的卫星磁测试实验室。他致力于卫星高可靠、长寿命研制工作，提出了卫星抗辐射加固措施和产品环境应力筛选及整星老炼试验，在国内第一个决策采用固态存储器，指导和参与偏置动量轮加磁控全数字姿控系统研制。风云一号C星超期稳定运行（设计寿命两年），性能达到国际同类气象卫星

孟执中在太原卫星发射中心登山

的先进水平，被列入世界业务气象卫星序列。D 星将近十年正常工作，性能优良。由他主持的新一代气象卫星“风云三号”研制工作，也已发射成功两颗，现正在轨运行。

在风云三号 B 星进行发射前准备的一个多月时间里，76 岁高龄的孟执中院士除了去天津临时参加了一次会议外，几乎天天守候在太原卫星发射中心。

2. 人格魅力培育新人

打开孟执中院士的相册，其中大多是他与年轻人一起工作的照片。孟执中院士是年轻人的主心骨，年轻人特别喜欢和他在一起。孟执中的科研作风非常民主，总是鼓励年轻人畅所欲言。他曾数次叫陈兆云等年轻人到他的办公室，鼓励他们畅言，倾听他们声音，启发他们创新。那时孟执中既是 509 所所长，又是风云一号卫星总设计师，但在孟执中面前，年轻人没有的是拘谨，有的是心情愉悦。因为他们每次从孟执中身上都能有所收益，取得长进。

而孟执中心里在想着的一件事就是："该让年轻人挑重担了！"

在研制工作中，孟执中总是将技术毫无保留地传给年轻人。孟执中从不忌讳讲曾经的失利故事，那是因为苦涩的教训更耐人寻味、更贴近现实、更能启迪航天新兵们在科研生产实践中少走弯路、快速成长。孟执中向年轻人讲述自己曾经难堪的经历——"塔上救星"。每次讲到这一段经历时，他用的几乎都是那句让听者难忘的话："我当时站在塔架上，心中充满内疚和窘迫，真想从塔架上跳下去。"这故事深深烙在了年轻科技人员的心里，激励着广大科技人员时时绷紧质量这根弦。

温和的孟执中，被年轻人叫做"好老头"。孟执中作风朴实，注重身体力行，经常深入现场指导工作，具有很强的人格魅力。风云三号卫星姿轨控分系统主任设计师张伟博士对此深有感触。他说，在风云三号卫星的试验过程中，因对流程中一些现象没法吃透，孟执中不仅给他们上理论课，而且每周三四次去基层给他们做现场指导，毫无保留地告诉他们关键技术，使年轻的设计师们受益匪浅。509所党委书记郭建伟在谈起孟院士时非常感慨，说孟院士不仅给509所培养出了许多科技骨干，而且还把老航天人无私奉献的精神传给了年轻人。孟执中的高徒和接班人董瑶海，2004年被评为上海市十大科技精英，2006年作为卫星领域的代表又获上海特殊人才奖。每当他获奖的时候，总会在心里感激孟执中对他的精心培养。孟执中这个好师长，通过风云一号气象卫星的研制过程，带出了一支技艺高超、品德优良的队伍。

孟执中不仅严谨务实，而且谦虚好学。人到晚年，他带上老花眼镜，又开始学计算机。《新民晚报》还曾刊登过孟执中学电脑的故事。碰到问题，孟执中就向年轻同事请教。杨之浩从风云一号C星开始当上孟执中的"徒弟"，与他接触得比较多。他说："一开始孟院士问的真的是很基础的问题。有时我想，如果我在孟总这个地位，这些问题可能还问不出口呢。"后来，孟执中不仅能自己经

孟执中（左）与年轻研制人员探讨技术问题

常上网查国外卫星的资料，而且掌握了计算机编程知识。“所谓人近七十学吹打，我真的觉得很感动。”杨之浩坦诚地说。

孟执中的另一个弟子谢红军，对导师最深刻的印象是：一头灰白的头发，一件普通的夹克衫，一双布鞋，一个老旧公文包，带着自己匆匆赶往试验现场。

2004年2月，谢红军由科技委秘书岗转到风云三号卫星任调度，主管姿轨控分系统的管理工作，年近70岁的孟执中还任型号总师。型号刚转入初样研制，技术问题多、情况复杂，而整个姿轨控分系统由于更换副总师、主任设计师等，大部分年轻设计师没有经验，处理不了如此棘手的问题。一次试验中，孟执中看到仿真结果并不理想，并且意识到原方案较为复杂，现有团队并不能驾驭该方案，便决定与同志们一起从头来，重新设计。他与谢红军等约定，每周至少三天在控制所蹲点，与设计师一起进行新一轮的设计和仿真。在那里，他给年轻设计师耐心细致地讲解设计方案。为更好地保证卫星空间姿态稳定，他亲自主持，将轮控方案由差动调整为正交安装设计。在相应的控制规律设计、故障模式设计、试验方案设计陆续完成后，孟执中又一遍一遍地向年轻设计师传授其设计原理和关键。当看到有些年轻设计师尚存疑问时，又一遍一遍地重复。有时孟执中心里也十分着急，可在设计师面前，他永远是一位理性、和蔼的老师。

谢红军是 2004 年 2 月考入上海交通大学工程硕士班的，所学专业是制导、导航与控制。孟执中在苏联学的专业是自动学，工作以来一直从事航天器控制，是国内该领域的专家。谢红军一直希望能请孟执中做他的导师，但又担心自己只是一个工程硕士，孟执中不会同意。诚惶诚恐的一次尝试，没想到得到了孟执中满口答应，真是谢天谢地。

2006 年年初，谢红军进入毕业论文撰写阶段，因为他本科学习空间飞行器设计专业，制导、导航与控制的知识体系并不系统，开题以来一直不怎么顺利。3 月，孟执中与他商谈了四次论文，孟执中严谨的学术作风令谢红军终生难忘。2006 年 2 月 17 日下午，孟执中对论文相关事宜不满意，要求谢红军进一步说清要解决的问题以及要说明的问题，对于陀螺的三个作用要进一步深入理解。2 月 24 日下午，孟执中比较着急，对论文进展不是很满意，提了几条建议：一是理解陀螺的三个作用：直接给出可靠的惯性角速度；滤波作用；偏航姿态估值。二是确定论文出发点，做一个有陀螺和无陀螺系统在相同条件下（测量敏感器、执行机构、干扰、噪声等）的对比。三是研究方法方面，用俯仰通道作为典型研究系统，进行比较分析，建立详细、准确的敏感器模型，给出噪声特点（噪声类型、结构），建立执行机构模型，分析系统稳定性，看以上的各种因素在系统指向精度中的贡献，从而给出一个“谱”，为后续型号提供有参考价值的结论。四是可以搞一个无陀螺偏航估值算法。3 月 6 日，孟执中从物理角度给谢红军讲解“角速度”“滤波”“罗盘”，进一步启发他。3月25日，孟执中约谈论文，姿态确定方面建议谢红军做两个比较：红外地平仪与红外地平仪+陀螺；星敏感器与星敏感器+陀螺。通过两种比较，得出分别对陀螺的要求，是不是一定要用高精度、长寿命的陀螺，是否能降低对陀螺的要求。四次约谈式的启发和沟通，说来普通，却成为谢红军日后做学问的标杆。同时，孟执中严谨务实的科学态度也常让他感叹。谢红军说：“孟执中永远是他人生的导师、永远学习的楷模。”

孟执中曾因风云一号B星计算机的单粒子翻转效应而沮丧、失落过，背负着沉重的压力，然而，他不把成绩归功于自己，把失利的责任推给别人，为团队担当与分忧。科研人员在做单粒子翻转验证试验、地面复现试验时，孟执中独自下兰州，指导

2014年，孟执中（右一）在509所与科研人员亲切交谈

星载计算机适应空间辐射环境的软／硬件抗辐射加固技术研究工作……

每当执行发射卫星任务的关键时刻，总能见到孟执中的身影，他与试验队队员们同生活、共呼吸，并给航天新兵注入信心与勇气。

孟执中特别明白一旦系统方案确定后，软件不偏不离地正确实现系统的需求是关键。因此，他对软件需求分析与设计、软件测试与试验验证、软件安全可靠性设计活动等特别倾心。无论是白天还是晚上、无论是工作日还是节假日、无论是讨论会还是评审会，每会必到，特别仔细和认真，因为孟执中深知细节决定成败。孟执中提问题言简意赅，要求也特别严。他抓质量严慎细实，切入点定位准确。

在孟执中身上，有一股坚韧不拔、攻坚克难、顽强拼搏的精神，并保持着锐意创新、勇攀高峰的气魄和胆识。他敢于在卫星控制系统上，第一次尝试配置星载计算机核心技术，在卫星上运用微机处理技术，实施复杂姿态控制技术。他最早在航天产品中引入 1750A 星载计算机概念，实施太阳同步轨道偏置动量三轴稳定控制技术的开拓。从风云一号 A 星到 B 星、B 星到 C 星，每一次都有刷新的记录、都有重要的突破。风云一号 B 星时，仅凭 18 个月的研制周期，攻下复杂姿态控制分系统星载微机的关键技术，并完成模样、初样和正样飞行件三个阶段的研制生产及卫星发射任务，在业界同行普遍心存疑虑的时候，愣是把不可能变成了可能，把可能变成了现实。在研制风云一号C星时，孟执中亲自抓控制分系统方案设计和1750A星载计算机研发工作，亲力姿态敏感部件、执行机构的故障诊断技术和冗余容错切换技术，亲为星载计算机适应空间辐射环境的软/硬件抗辐射加固技术，亲临仿真试验和系统测试现场，并研判闭环控制规律的曲线和验证结果。孟执中带领团队，奋发图强，终于成功实现了科研试验卫星向业务应用卫星的跨越，两年设计寿命向十年超期服役的夙愿，终于实现了一代航天人孜孜追求的自主研发高可靠、长寿命卫星的航天梦，取得了重大突破。

3. 良师益友

王介康与孟执中在一起从事我国第一颗人造卫星地面测控系统工程筹建工作的时间并不长，只有不到两年。但在这短暂的时间里，孟执中给王介康留下了很深的印象。那时王介康刚从学校毕业不久，才踏进航天大门，孟执中对事业的投入与顽强的拼搏精神令王介康这个航天新兵深受触动，影响了他一生的工作作风。

王介康回忆说，在他48年的航天生涯中，老孟可以说是他最值得敬重的老师与前辈。“在卫星地面测控系统工程建设及以后的航天器型号研制中，我尽了自己的一份努力，为国家做出了一点有益的贡献，这与进入航天这个大门时有幸遇到了像孟执中这样的领路人是分不开的。”

王介康大学毕业后，先被分配在酒泉导弹试验基地的测量部六处（后改编为技术部计算所）工作。1967年11月，王介康接到基地调令，只身来到北京的“671”工程筹建处报到。到新单位后，王介康被安排到五室，具体业务是地面大站监控显示设备的研制总体。当时单位的办公地点在北京西城区平安里附近的“端王府”，王介康报到后不久，即1967年年底，单位又搬到了阜成门外的八里庄。之后五室进行了一些整合，室内人员有所充实并明确了负责人，孟执中被明确为室里业务工作的负责人。

到北京以后，王介康的业务岗位有了很大的变化。在基地时，他搞的是遥测数据处理方法的研究，调北京后，为计算机专用外部设备监控显示设备的研制总体。加上调到新单位后环境及人员都很生疏，能否很快适应新的岗位进入角色是一个很大的考验。

那时的孟执中也刚从中国科学院自动化所调到五室，可能是因为与原单位的交接工作没有完全办妥，加上外出协调业务工作等，孟执中并不是每天来室里上班，而是隔两三天来一次，处理一些室里的业务。

虽然接触时间不是很多，但孟执中在王介康工作之初对他在工作上的指导与帮助，使他很快从数据处理业务领域转入了设备总体的研制，给他日后从事地面测控系统的总体及参与空间飞行器型号设计工作打下了良好的基础。孟执中在解决实际问题的业务能力、工作作风等方面都给王介康留下了很深的印象。

1968 年 9 月下旬，王介康接到北京指令，要调他回北京参加“651”二期设备的研制。这时王介康才离开了现场，与孟执中的工作关系告一段落。

1969 年，因中苏边境形势恶化，根据上级指示，北京“671”工程筹建处整体搬到原定的中心地址——陕西渭南。同年 12 月，孟执中等十几位技术人员被调往上海，组建上海的卫星研制单位“701”车间，就是后来的 509 所。

第一颗卫星发射后，王介康在基地主管对上海卫星研制点的测控协调工作，开始是“长空一号”，之后是“风云一号”。在此段时间里，王介康虽然与孟执中分属两个单位，但在工作中仍偶有接触，看到与听到了孟执中等同志在上海做出的努力与取得的成果。

1987 年 3 月，因解决家庭分居问题，王介康转业到上海 509 所。此时孟执中在行政上已是所级干部，在型号上兼“风云一号”总设计师。因当时“风云二号”

刚获批列入“新三星”的重点型号，王介康被分到当时的二室任测控主任设计师。本来根据当时“风云一号”的队伍情况，孟执中很想让王介康到一室充实队伍的力量，但他作为所长并没有独自下这个决定，而是与分管“风云二号”研制任务的魏钟铨进行了协商，最后把王介康分到了二室。

在参与风云二号卫星型号的研制任务过程中，王介康虽然与孟执中之间的工作关系不多，但对他的事迹和坚韧不拔、顽强拼搏的精神时有耳闻。孟执中在“风云一号”任务中的事迹和工作精神激励、鞭策着王介康，他经常以此告诫自己，要做一个不尚空谈、踏实奉献的实干者，为我国气象事业现代化做出自己的一份贡献。

“风云一号”副总师沈琮在回忆中说，孟执中曾不同程度地指导、帮助过他提高技术业务水平，而更多更重要的是帮助和影响他正确地处理人和事，培养和掌握正确的思想方法和工作作风，坚定他献身中国航天的意志，简言之，就是学会做一个合格的中国航天人。

“风云一号”研制开始不久，在一次技术讨论时，沈琮和时任副总师何正华有不同意见，讨论时争论得非常激烈。事后，孟执中和沈琮谈话，说他有一股骄气，在讨论问题时，带着这股骄气，对工作很不利，要克服骄气。孟执中讲话时很平稳、和善，话不多，但语重心长，对沈琮触动很大。从那以后，沈琮努力克服自己的毛病，有了较大的改变。

1994 年，沈琮被任命为风云一号卫星的副总师，他感到自己学的专业面太窄，从事总体工作困难多，很是惶恐。而且当时 509 所总体、总装、总试等各方面的工作也要沈琮全部管起来，沈琮心中发怵，怕把工作做糟，又无法拒绝。孟执中在给沈琮布置工作时说：“风云一号”要解决长寿命、高可靠，最关键的是姿控分系统、电源分系统和扫描辐射计。孟执中希望沈琮能全力抓好这三方面的工作。

孟执中（左）与沈琮副总师（右）在509所试验厂房

沈琮处理的第一个棘手问题是遥测模式问题。有的设计师向他提出修改模式的建议，而主管设计师认为不改为好。沈琮对此不熟悉，没有主意，只能分头向各个设计师征求意见。在比较利弊后，沈琮认为还是修改模式较好，却不敢轻易决定，为此去孟执中家当面汇报此事，想听取他的具体意见。孟执中听完后表示认同沈琮的想法，但具体的处理方式要和大家讨论研究后决定。经过一番努力后，这件事得到了圆满的解决。事虽不大，但对沈琮却是一次磨炼，他深深感到孟执中的信任，担子要硬压下来，不能有依赖性，办法要自己想，要把不同人的意见粘合起来，问题要解决到位。自那以后，沈琮工作的胆子逐渐增大，也敢于负责任了。

卫星的推进执行机构生产的一个重要环节是管路焊接，沈琮到现场看工人师傅操作，工人师傅告诉沈琮，以前孟总在所里时，焊接时他必定在现场。沈琮一听，明白了这道工序的重要性，也学习孟总，全过程都跟在现场，不仅和工人、检验人员混得很熟，而且在专业上也懂了许多过去不懂的知识。现在有一句话“两总到现场”，沈琮努力做到了，而这第一课则是孟执中留在工人们心中的“行为”教给沈琮的。

在孟执中的领导下，沈琮作为他的助手，历时九年完成了风云一号气象卫星C、D两颗卫星的研制中所承担的任务。这九年中，甚至在后来多年的航天生涯中，沈琮都能感受到孟执中对他的极大信任。孟执中放手让他去开展工作，有了差错，也很少批评，纠正了就可以。在一些重大的决策上，哪怕自己有不同意见，孟执中也总是用事实和数据说话，让他心服口服，然后促使他努力去实现和完成这些决策。沈琮几乎没有感受到过总师对副总师的约束。这种信任使他胆子大、敢做主、敢负责。

跟着孟执中的这些年，确实是沈琮成长最快的时期。孟执中对他的信任，时任中国航天工业总公司总工程师的谢昌年也看出来了。他曾当面对沈琮说：“孟总对你很信任啊！”后来沈琮对比自己做了总师后的表现，深感和孟执中的差距很大，对孟执中更是充满了感激。

“风云三号”总指挥高火山跟孟执中一起工作了许多年，对孟执中极为钦佩。高火山经常对研制团队的同志们讲：讨论问题时火气不要大；要学学孟总在技术上的民主，不要有点权力就盛气凌人；要以理服人，要学会用理论来解释问题，用数据来说明问题。这也是他跟孟执中共事多年继承下来的宝贵财富。在孟执中的带领下，“风云一号”“风云三号”队伍都很重视实事求是，很少出现训人的情况。这不仅有利于研制工作，也大大提升了队伍的凝聚力。很多同志在组织上要把他们安排到其他型号的技术线上提升级别时，都不愿意离开，就希望留在这个团队里，因为这个团队学术氛围很好。

但是，“风云三号”队伍中还是有很多人才被输送到其他型号，因为高火山给他们做工作，对他们说：“你不能完全站在自己的角度，你得站在院长的角度。”高火山虽然也很舍不得他们，但是他要为这些年轻人的长远发展做打算。大家都在这里，发展毕竟有限。

现在，从“风云三号”队伍出去任副总师以上职务的有十几个人，“风云一号”出去的人才就更多了。孟总的平易近人、技术民主、实事求是的工作作风，潜移默化地影响了一大批年轻的老总。

4. 栽下“友情树”

509所的小院里，景致不算精致，但处处能看出509所人的爱护。虽非浑然天成，却也怡然自得。所区里有不少大树，它们淡淡地看着509所一路走来，淡淡地看着四季轮回。春天一到，食堂前的那片海棠常常拔得头筹，花儿一茬一茬，开得从容不迫。海棠刚谢，樱花怒放。所区的樱花尚小，但花开得格外卖劲。一棵光秃秃的小树，竟然在一夜间用细细碎碎的或粉或白的花瓣，把细细的枝丫包了个严严实实。杜鹃花总是团结的，一株，两株……慢慢地扩散，终于，办公室窗外原本零零散散的杜鹃花汇成了一片花海。一到夏天，所区大树的树荫下，就有三三两两的人，享受着大树底下好乘凉的快乐。秋天来到时，满树金黄色的小小的桂花，散发出沁人肺腑的香味。所区门口的几棵果树上，一片明亮的黄色悬挂在树梢，如一排灯笼，没有人舍得伸手去破坏这样的美。冬天，迎着寒风而来的就是腊梅了，如所区的大多数花，开得含蓄。偶尔一场雪来，腊梅笑得格外灿烂，美得惊人，给 509 所的人们，每天一个好心情。

而说到这些，就不能不说说时任 509 所所长的孟执中和时任 509 所党委书记的朱二大，这当中也体现了党政一把手工作配合的默契。

粉碎“四人帮”后，上海市委副书记彭冲一行到 509 所调研时，曾提出来这里的环境需要改善。“文革”期间，没有人管环境问题，现在领导班子意识到，要把环境搞好，要花大力气，把所里面的垃圾全部清除，搞绿化，改变环境。

朱二大对孟执中说，国外的研究所绿化环境弄得蛮好的，孟执中就提议让他来全面负责抓绿化工作。当时，研究所搞绿化要被“批判”的，有人还出来贴大字报，说书记“只抓绿化，不搞四化”。但作为所长的孟执中，却认为科技很重要，绿化也得抓，环境好对大家都有好处，坚定地支持朱书记去做好这件有利于今后发展的事情。于是朱二大广泛调研，买些既便宜又适合研究所栽培的树苗。当时小树苗是才七八毛钱一棵。孟执中尽管工作很忙，但经常会抽出时间来关心绿化的情况，什么地方种树，什么地方种花，他都一起参加规划。

一开始，所里面全种的梧桐树。但梧桐树有许多缺点，会飘絮，有气味，对呼吸道不好。后来就换成香樟树。香樟树的树苗不是买的，而是所里自己培养的。所区有块地，在那里撒下香樟树的种子，到第二年会长出小的树苗。509 所的职工在小树苗长到一米高时，就把它移出去。所区两边的香樟树全是这样移出来的。后来又种了些桑树，桑树苗是买的，几块钱一棵。

除了引进新的树苗，所里原有的比较好的树也被充分重视起来。有一棵品种很好的松树本来在一号楼的角落里，后来被移到了厂门口。树移植时要把泥土一起带上，而且必须要包得好，包得紧，包得密；种植的泥土，不仅要松，还要加点肥料；种进去以后，水要加足，这样根才会长出来。因为没人指导，移植的失败率很高，让孟执中和朱二大知道每一样工作都是有技术性的。后来，孟执中与朱二大在种树方面也略知一二了。

进行所区绿化，所里总共投入了大约一万元，那时能下这样的决心还是要有一定魄力的。在整个绿化过程中，孟执中先是顶住舆论的压力，充分信任和支持朱二大，后来更是与朱二大同心同力，共同参与到绿化中。这些树在一定意义上，也可以说是代表着这两位党政一把手友谊的“友情树”。

5.简朴生活，陶冶情操

孟执中曾出任室主任、工厂总工程师、509所所长、上海航天技术研究院科技委副主任、卫星总设计师等多种职务。多年来，孟执中不管职务有多大的改变，其清贫的生活方式却始终没有改变。

孟执中的不修“边幅”是有名的。单从外表看，不熟悉的人，没人会把他当成卫星总师，说他是一位普通的老工人也许更恰当，为此还闹出过一些笑话。据现在已是风云四号卫星总设计师的董瑶海回忆，他大学毕业刚参加工作，一次在实验室的机房里，看到一位老工人模样的人正在摆弄着计算机，于是半是调侃半是讥讽地问道:“计算机好玩儿吗？”“老工人”并没有在意他的冒失行为，不过董瑶海很快就知道了，面前的这位“老工人”就是大名鼎鼎的风云一号卫星总设计师孟执中，小伙子的脸红了。

上海电视台在风云一号气象卫星发射成功后，要拍摄一部记录航天人工作和生活的专题片，他们将视角对准了卫星总师孟执中。令这些见多识广的电视台记者们大感意外的是，一位卫星总设计师、一位从事高科技工作的专家，饮食起居居然是那么普通，甚至连上班的交通工具也是一辆旧式自行车，一点也和高科技沾不上边儿。

在研究院，熟悉孟执中的人都知道他那辆被称为“老坦克”的自行车，它伴随着孟执中风里来雨里去，经历岁月的洗礼。车身虽已开始斑驳，但是“老坦克”的骨子依然硬朗。就像它的主人，内心坚强无比。

为事业夙兴夜寐、呕心沥血，孟执中是如何始终保持饱满的精神状态的?“灵丹妙药”是孟执中的三大爱好。一是喜欢集邮。星期天只要有空，他就会到邮市走走。有一阵子他还为搞不到“中国贵妃”邮票而遗憾。二是坚持锻炼。孟执中腰里挂着个计步器，每天规定走一万步，从家里到漕溪路上海航天局，他天天坚持步行。有时因为外出开会走不到一万步，晚上回来后还要再“补课”。后来随着年岁的增加，孟执中脚关节出了点毛病，在不能走长路的情况下，他就经常游泳，来增强自己的体魄。三是看京戏。早在中国科学院工作的时候，为了看心仪已久的马连良、裘盛戎等京剧大师演戏，他经常从中关村步行到城里的戏院。那条路，孟执中已记不起来走了多少趟。现在，他家里还收藏着大量的京剧 CD 唱片。

孟执中

孟执中院士传记

Academician Meng Zhizhong's Biography

第十五章

和睦的家庭

他们这个家，好像是为搞卫星而结合的。工作不顺利的时候，孟执中睡不着觉，卫星到了关键时刻，他更睡不好觉。李珊便会与丈夫一起分析问题，缓解丈夫的压力。

孟执中谈起家庭，温馨之情溢于言表。夫人李珊，是他志同道合的同事和伴侣。大儿子毕业于复旦大学，也学理工科，现定居美国。小儿子进入北京协和医科大学学习，后留学美国，获得了药理学博士学位。孟执中皮夹里还藏着两个孙子的照片，小家伙们都有一双圆溜溜的大眼睛，特别有灵气。一家人虽然是在两个国家，但儿孙们常回国，孟执中也去美国短暂探过亲。事业与天伦之乐相伴，使得80岁的孟执中显得很有朝气。

1.航天伉俪

孟执中的夫人李珊毕业于清华大学，这所国际知名国内顶级的高等学府与中国科学院自动化研究所地理位置相距不远。李珊的姐姐与孟执中同年分配到自动化研究所工作，又一块被派到苏联去进修，二人比较熟悉。那时李珊星期六就到他们所里去，找姐姐聊天，晚上住在姐姐宿舍里，所以就认识了孟执中。

因为都是年轻人，二人不久就成为了好朋友。他俩一起去北京步行街散步，一起去看京剧。孟执中会唱很多京剧段子，从小他就很喜欢看京剧，李珊也就跟着他看了一些京剧，慢慢也爱上了京剧。一年单位举办中秋节联欢会，孟执

孟执中与夫人李珊合影

中还唱了一段京剧，赢得了大家阵阵掌声。在接触中，李珊感到孟执中忠厚老实，业务上也很钻研，挺有事业心的，所以就喜欢上了他。

孟执中留苏回来时，李珊已大学毕业，分配在天津实验工厂。家人觉得他俩年纪都不小了，二十七八岁了，便催他们快点结婚。在家人的关心下，1962 年中秋节，孟执中与李珊在北京喜结良缘。

结婚两年以后，1964 年，孟执中第一个孩子出生了。当时李珊已经调回北京，在四机部的设计院工作。孟执中那时经常出差，她就边工作边自己带孩子。1968 年，怀第二个孩子时，孟执中去基地出差了近半年，李珊当时觉得特别难，但后来回忆起那段日子，却又感到没什么了。她说："当时就这么经历着，也这么克服了困难。孟执中要去基地就去基地吧，反正总是要支持他工作的。"

那时孟执中与李珊不在一个单位工作。李珊在单位也是技术骨干，经常要工作到晚上九点钟。工作忙时，夫妻俩为了上下班方便些，便不在一个地方居住。李珊带着小儿子住单位的妈妈宿舍，孟执中则领着大儿子，早上送幼儿园，晚上再接回来。

因为有两个小孩，家务自然多些，来回接送孩子也是很耗时间的，有时孩子生病，李珊也不好意思请假。邻居中有专门给人带小孩的，一个月要三四十块钱，大概是一个人的工资。北京那时候都兴把孩子托给这些邻居照看，夫妻俩商量后，干脆就把大的孩子全托给人家了。不过小儿子还是留在了身边。李珊身体比较好，高中时就是学校篮球队员，所以不仅完成自己单位繁重的工作，还有余力兼顾家庭和孩子。

1969 年，孟执中来到上海，所在单位正好有一个调整，李珊便也从原单位，跟着一块到了上海。

他们两个调到了一起，更是跟着工作流程转。李珊从不因为孟执中工作忙或者出差的问题和他闹矛盾，而是全力以赴支持孟执中的工作。后来两个孩子都住校读书，夫妇俩更是全身心地投入到工作中去。

孟执中小时候胃就不好，结婚以后胃病也没有断过，吃饭都要吃软的，喝稀的，所以家里的饭，李珊经常要做两种，有时就跟孟执中一起喝稀饭。当时

李珊（后）在509所指导工作

单位中午有45分钟时间吃饭午休，由于孟执中不能吃食堂的饭菜，李珊中午就骑车回家，把提前准备好的饭菜热一热，使得孟执中一回来就能吃上饭。

别看孟执中平时工作很认真，再多的工作也是有条不紊，但在干家务方面，他就显得力不从心了。让他去买个菜，李珊交代很长时间，孟执中也记不住，他脑子里想的就是工作，李珊干脆自己去。家里的事情基本是由李珊全盘操劳的。

风云一号D星在基地转场后，孟执中就赶到了西安卫星测控中心。这么多年，研制的卫星一个比一个好，孟执中也有了很多的经验，又当总师又兼所长，因此身上担子很重。李珊非常支持和理解丈夫的工作，也陪着他一待就是两个月。

有一个阶段，孟执中在厂房里做试验，忙得回不了家，就在单位摆个床，有问题可以当场处理。那时航天工作带有政治性，怠慢不得。由于作息不规律，饮食不当，他的胃病总是发作，最厉害的时候两次胃出血，瘦得只有104斤。因为胃不好，吃不下东西，一出血又要很长时间恢复，那段时间过得很难。但美国航天员来华访问时，孟执中拖着病体，依旧做好接待工作。

后来，上海航天局领导徐博明看到孟执中身体状态不是很好，又要出差去基地，希望他的家人一起去基地照顾他。那时李珊已经退休了，她自己就是这个行业的，所以用不着领导给她做工作，她总能全力以赴支持丈夫工作。于是李珊与孟执中一起去了基地，在起居饮食上用心呵护丈夫。孟执中没了后顾之忧，就一心扑在工作上。

为了孟执中的胃病，李珊经常去中山医院咨询，问要不要开刀把胃切掉一部分，并向一些曾经患过这类病的人了解情况。最后孟执中没有开刀，采取保守疗法，平时吃些土霉素。在李珊的精心照顾下，孟执中的胃病逐渐好起来，现在已经可以跟大家吃一样的饭了。

1993年，大孙女出生了。第二年，李珊退休后就去美国帮忙照顾了一年。1997年，第二个孙女出生，李珊又去美国帮忙。这期间，孟执中一个人在家病了。那时候孟执中吃饭吃不好，经常在外面吃一碗面对付一下。李珊从美国打电话回来问候，孟执中都说可以，其实当时他失眠已经很严重了。后来病情恶化，单位领导项家桢告诉李珊，孟执中失眠很严重。李珊一听，马上买票回来了。当时孟执中抑郁症严重得一个人都不敢回家，家里没人，他就觉得恐惧。李珊看到这种情况，大感心痛，陪着丈夫去了738疗养院，治疗和休息了一段时间。后来儿子又有了第三个孩子，是个小男孩。但李珊没有再过去，而是让儿子夫妇俩请了别人帮忙。

2012年中秋节，正好是孟执中夫妇结婚50周年，但金婚这件事夫妇俩都忘了。孟执中去哈尔滨出差，有人问他结婚多少年了，他才发现正好50年了。但孟执中一直都很忙，没时间来安排纪念金婚。这年中秋节与国庆节假期连在一起，李珊姐姐的女儿刚好从美国回来探亲，到上海玩儿几天。有了这件事情，李珊就忙开了，整理房间，洗洗窗帘，陪着他们去街上购物。这个中秋节就在接待活动中过去了，而孟执中和李珊自己的金婚纪念，也悄无声息地过去了。

2. 放飞“风筝”

孟执中一家刚到上海时，两个孩子，一个六岁，一个两岁。那时候卫生条件不好，夏天孩子头上出

2012年，孟执中与李珊金婚纪念

疖子，之后又换牙，孟执中因工作忙照顾不上，李珊就推着车带小孩上医院去看病，前面一个，后面一个。在那看似平常的日子里，李珊总是一个人风风火火，送完小儿子上幼儿园，又送大儿子上学。

两个孩子小学上的是509所附近的闵行小学，都住校。中学都考上了重点学校，也都住校，周六才回家。大儿子考到复旦附中，小儿子考到华师大二附中。那时候小儿子还小，又由于不常出来玩儿，对老闵行的一号路不熟悉，于是每个星期六，李珊就去一号路口等他。

孟执中送儿子上托儿所

家庭影响很重要，一方面，孟执中与李珊很重视孩子们的学习，另一方面，他们的敬业精神时时影响着两个孩子。孩子们看父母亲很有事业心，在家里也忙着处理工作，便自觉地用功学习。因此，两个孩子的学习成绩都很好。这样，孟执中夫妇就省事多了，可以将大部分精力投入到科研中。两个孩子也就这样慢慢长大……

虽然孟执中工作繁忙，但有一点空隙时间，就会领孩子们出去吃一顿，像小笼包儿什么的，因为家里平时也没时间做。每逢这时，兄弟俩就会特别开心。大儿子现在还特别怀念爸爸带他和弟弟一起去吃的那些东西。孟执中出差回来有时会也买点东西给他俩吃。

后来，为了给两个孩子改善生活，李珊学会了做红烧鸭、糖醋排骨什么的，每次兄弟俩去学校的时候，李珊就给他俩各带一盒。当时学校伙食不怎么好，两个孩子在长身体的时候就住校了，李珊现在每每提起小儿子，便心生怜悯："我小儿子发育不太好，每次从学校回来，一看他好像又瘦了，就是营养不够。那时除了星期日回家里改善一下，有时候我们也跑到学校去给他俩送一点吃的，虽然解决不了什么问题，就是一点心意吧。"

两个孩子小时候，孟执中会给他们做风筝，给他们讲中国风筝在2000多年前曾用于军事、利用风筝载人到空中侦察敌军军情的故事。他们一起去放风筝，放风筝是一种充满情趣的活动，风筝腾飞在天空，不仅牵动着孩子们的童心，更有益于身心健康。孟执中总是尽可能安排一些时间和两个孩子一起活动，两个孩子都很喜欢他。现在兄弟俩还记得那时候放风筝的高兴劲儿，还能回忆起父亲做风筝时的情景：父亲将竹片斜切成条，然后弄弯，做成蝴蝶或青蛙的形状，再用线缠啊缠。也许，孟执中是想通过教孩子们放风筝，培养孩子们做仰望天空的人。

孟执中结婚时，婚房就在中关村，一间很小的房子。当时都是单位分房，房子很紧张，一套二居室的房子住两家人。到了上海以后，单位分了一套房子，建筑面积也就 40 多平方米，一家四口居住还能凑合。但后来大儿子孟锦宏要结婚了，婚房就成了问题。孟执中很为难，尽管他当时是 509 所所长，如果向单位提出增配一间房子，也在情理之中。但当时所里的房源不多，所里有两个年轻人成家，一直没有自己的房子，还跑到所长办公室来，哭着要房子。孟执中想，自己是所长，怎么能在这个时候提出要房呢？于是，孟执中对大儿子说，自己没有办法为他们提供婚房，请他们理解。孟执中知道小两口因为没有房子，打算去美国闯荡，为了表示一下做父母的心意，孟执中取出家中的积蓄，花了 15000 元，为小两口买了两张去美国的机票。

后来孟锦宏向亲戚和同学借了一些钱作为一部分学费。孟锦宏和妻子王玉峰在美国头一件事，就是赶紧去打工，多挣点钱来还钱。首先还掉了亲戚同学的钱，后来也还掉了父母给他们买机票的钱。还好，一年后他们有了奖学金，经济情况好转了许多。

每想到大儿子在国外的艰难，孟执中也一直想改善住房，这样大儿子一家回来也有地方暂住一下。后来有商品房卖了，刚好孟执中获得了一笔奖金，于是，2001 年他们买了上海田林路的一套房子。2003 年孟执中搬过去住后，上医院看病就方便多了，因为家门口就是上海市第六人民医院和第八人民医院。

但大儿子孟锦宏一家五口人回上海探亲，孟执中家还是住不下。大儿子一家便在父母周边租一套房，临时解决一下，这比住宾馆要便宜多了。对此，大儿子孟锦宏和大媳妇王玉峰没有任何抱怨，他们觉得父母也不容易。

虽然经济状况不是很好，但孟锦宏在孟执中的“言传身教”下，对于获取钱财有自己的原则。曾有一位住在旧金山的美籍华人，在中国大陆从事进口器件的中介业务。后来那位商人联系了孟锦宏，并寄给孟锦宏一张 1000 美金的支票，说是送给他们的礼物。但孟锦宏认为不能接受，立即寄还给了他。事后，孟锦宏打电话告诉父亲，孟执中很高兴，连连夸赞儿子做得对。

1986 年，小儿子高中毕业以后，考到北京协和医科大学，后来靠奖学金出国留学。因为家里经济条件不是很好，拿不出足够的钱支持他在外国留学。药学学习任务很重，边上学边打工也不现实，因此哪里有资助小儿子就上哪个学校。小儿子本来是学医科的，可是要拿医学院的奖学金很难，所以改学了药学专业，最后拿到药理学博士学位。

3. 手足情深

孟执中有兄弟姐妹八个。大姐孟雅真、二哥孟金生是大妈所生。大妈早故，后来六个都是孟执中的母亲所生。孟执中在兄弟姐妹中排行老四。三姐孟天真、五弟孟建中、六妹孟怡中、七弟孟复中、八妹孟意中。

大姐孟雅真，抗战时期在贵州上大学，毕业后留在贵州，在铜仁一所中学当教师，1950 年在铜仁病故。二哥在抗日战争期间，与流亡学生到重庆上学，抗战胜利后又回到南京。他原来是学财经的，后来工作不怎么好找，就改做了医生，解放以后才回到武汉。由于与他们年龄相差比较大，而且孟执中出生后一直在逃难，基本上与他们没有什么接触，小时候孟执中对他们的印象不是很深，也没有特别的亲密。但随着年岁的增长，孟执中偶尔也会回忆起与他们在

孟执中（前排右二）与父母兄妹的全家福

一起相处的短暂而又快乐的时光。

二哥孟金生后来住在加拿大的维多利亚市。那里是一个海岛，有很美丽的花园和森林，周围是海湾。2014 年二哥过 90 岁生日，孟执中因参加中国新增院士评选，所以没法去加拿大，便托大儿子带去礼物。

除了活下来的六个，孟执中母亲还生过另外三个小孩，是孟执中的两个哥哥和一个弟弟。但他们在很小的时候就过世了。那个时候因为医疗条件不好，两个哥哥没超过一岁就过世了。另外还有一个弟弟，在建始的时候得了肺炎，由于没有特效药，发高烧没几天就死了。这个弟弟过世时才四岁，那时孟执中已经上小学了，每天回家第一件事，就是抱着弟弟出去玩。弟弟突然死了，孟执中心中难过了很长时间。

三姐是母亲的第一个女儿，也是母亲最喜欢的一个。孟执中小的时候，三姐是弟弟妹妹的领头人。她一回家，就会拉着弟弟妹妹们去玩。三姐对弟弟妹妹都很关心，弟弟妹妹都把她当成亲爱的大姐姐。她在家的时间虽然不是很多，但不管怎样，她都非常关心弟弟妹妹。孟执中半岁的时候，跟三姐一起拍了一张照片。三姐当时有七八岁了，看起来聪明伶俐。

三姐非常聪明，很早自立。因为逃难，她才十来岁就跟着学校走。三姐学习很好，抗日战争胜利以后，考上了上海医学院（现上海医科大学）。那时，考上医大是非常不容易的。孟执中一家都在武汉，三姐一个人在上海念书，很不容易。后来三姐因为患了抑郁症，大学没有毕业，就从上海医学院回到武汉的家里，由于病情还不是很严重，之后又转到武汉大学，从武汉大学的医学院毕业。后来她在武汉大学医学院当助教，认识了她的丈夫魏厚仁——一位很有造诣的眼科医生。两个人结婚以后，住在武汉，三姐和弟弟妹妹们接触就比较多了。三姐和孟执中在年龄上靠近点，所以感情是最好的。那时，孟执中的英语不是太好，三姐就逼着他，一定让他去上补习学校，还陪着他去报名，又陪着他一起上夜校。五弟孟建中参军的时候，三姐舍不得五弟，在他走之前，跟他聊了一个通宵，左叮咛右嘱咐。孟执中在旁边一边睡觉，一边听三姐讲，一直到天亮。

六妹孟怡中，比孟执中小四五岁，解放之后才上中学，后来考上了华中科技大学，读电子系。华中科技大学是从武汉大学分出来的，当时叫华中工业大学，除了武汉大学，该校在华中地区算是比较有名的大学。六妹没经过什么风浪，但 1961 年到 1962 年，她在上学期间，到重庆去实习，不小心感染了肝炎。

1967年，孟执中（左六）在长沙的全家福

学校对这个病不太重视，她也没有及时治疗，结果发展得很厉害。孟执中的母亲赶到武汉去看望她，让她住进了医院。抢救过来后，六妹身体一直不太好，本来在学校里学习很优秀，生病以后，成绩不再名列前茅了。她毕业时，学校为了照顾她，把她分到上海工作。在上海七年间，六妹的肝病一直没有恢复好，结果发展成了肝癌。孟执中得知后马上骑着自行车，从闵行一直赶到曹杨新村六妹住的地方，亲自陪她去曹杨医院治疗。六妹住院以后，孟执中每隔一两天就去一趟医院看她。那时没有直达的公交车，要转好几辆公交车才到医院，所以孟执中只好骑自行车去，尽管挺辛苦的，但能节省许多时间。

肝癌在当时是癌中之王，为了使六妹的病能得到更有效的治疗，孟执中租了个车，把她送到上海肿瘤医院去检查。当时住不进病房，就在走廊里临时放张床，躺在走廊里。检查完之后，医生告诉孟执中，说她只有三个月的生存时间，安慰一下，就让她回家了。在家里面待着肯定不行，孟执中就把六妹送到了上海市普陀区中心医院。刚去中心医院时，病情还比较稳定。孟执中也是骑着自行车每隔一两天就去看她，经常给她带点营养品。后来六妹病情恶化了，真的没有逃过三个月，离开了她日夜牵挂的两个孩子，去了另一个世界。

妹妹的离去，使孟执中心情难以平静，她的脑海里经常浮现出妹妹上学时的情景。妹妹刚上大学的时候，孟执中已经工作了，每次寄给妹妹学费和生活费时，妹妹总是很高兴地说，谢谢哥哥！那时孟执中心情很愉快，觉得能帮上妹妹很幸福。

七弟孟复中是在湖南吉首一个县里的学校上的大学，毕业以后当了教师，教数学。七弟脑子比较灵活，是中学的特级教师，也因此对一子一女在学习上抓得很紧。孟执中对此不太赞成，觉得他太苛刻了。不过七弟的孩子在七弟的督促下成绩非常好。他的儿子从小学一路跳级到中国科技大学少年班，少年班是四年，他上了不到三年，又跳到中科院考上了研究生，成绩也很好。还没毕业，又到美国麻省理工学院攻读博士学位，毕业后留在麻省理工学院当助教。他 20 多岁已经是知名的学者了，一家人都生活在美国。

老八孟意中，在湖南省长沙市南区政府教育科当干部，管区教育一块。

4. 对抗家族病

孟执中家有抑郁症病史，这给他一生带来了很多痛苦。

他的三姐在上大学时就患了抑郁症，当时治好了。结婚后，在生第一个孩子时，孕期反应很大，抑郁症复发了。后来三姐生下小孩后，便把小孩留在外婆那里，自己回到武汉工作。之后三姐的病时好时坏。“文化大革命”中，三姐的丈夫参加了一个派别，两大派别搞武斗，要抓三姐的丈夫，三姐的丈夫只能到处躲。三姐因生病不参加任何派别，待在家里养病，因没有人照看，她自己跑到汉阳的铁路线上，迎着火车头撞了上去。据现场的人说，当时三姐迎着火车大声疾呼：“好了好了，别抓我了！”就往车头奔跑。当时她很坚决，旁边人看到她，但是抓不住。她那时力气似乎相当大，一下就撞到火车头下，结束了自己年轻的生命。

这种病情孟执中自己很有体会，他也受到抑郁症的困扰，精神高度紧张，头痛难忍，长时间失眠。他坚持吃缓解焦虑的药，靠药和调理慢慢好起来。一开始，孟执中并不知道三姐已经去世了，一次六妹来电话时，不小心说漏了嘴。孟执中悲痛万分，立即打电话问三姐夫为什么不告诉他。三姐夫说，你们知道肯定会难受伤心的，所以就暂时不告诉大家。三姐夫还有意隐瞒孟执中的母亲，每个月仍旧按时给母亲寄钱。三姐有一个儿子、一个女儿。儿子当时很小，由孟执中的母亲带着，女儿由她婆婆带着。孟执中的母亲最疼自己这个女儿，总是看不到她，就有些担心。于是三姐夫写信骗母亲，说她有点抑郁症，所以不方便来看母亲。

三姐的儿子后来也患了抑郁症。他是一个非常优秀的年轻人，能力很强，人也很英俊，还是一个工厂的厂长。他症状比较明显，孟执中去看过他多次，劝他一定要克服病魔。他跟孟执中很谈得来，可惜他最后还是选择了跳楼自杀。

三姐的女儿是个很聪明的姑娘，后来也发现自己在精神方面有问题。但她很有自控能力，那时她已经有了恋人，男方对她非常好，她却明确表态不结婚，怕影响后代，所以现在仍旧是单身一人。她一直坚持做慈善事业，去过不少贫困县教英语。孟执中很佩服她，凡是去武汉总要上门去看她。她平时与祖母住在一起，一直等到祖母活到100岁去世后，她才搬出来。她觉得只要生活有目标，不感觉到空虚，配合治疗，就能克服病魔。

五弟孟建中，在兄弟姐妹当中和孟执中年龄最相近，与他只差一岁，上学也在一个学校。从小学到初中，他俩都一起上学，高中后才分开。初中毕业前，五弟响应国家号召，报名参军，进入了南京解放军工兵学校。

孟执中跟五弟从小在一起，感情特别好。孟执中在上大学时，头三年所有大学生的学杂费是全免的，到了最后一年，政策调整，学杂费需学生本人负担。当时家里只有父亲一人在工作，孟执中兄弟姐妹多，弟弟妹妹又都小，有的刚刚上学，经济上比较紧张。五弟那时在部队当少尉，是志愿军编制，部队驻扎在丹东。他知道这件事后，就将在部队的津贴节省下来，每月按时寄给孟执中。孟执中在学校吃饭、买书，还有回家买火车票，全用的是五弟寄的钱。就这样，五弟一直资助孟执中完成了大学学业。孟执中参加工作的第一年，五弟路过北京来看哥哥，还穿着“中国人民志愿军”的服装，与孟执中亲密地合影。

五弟眼睛有点近视，平时戴个眼镜。在南京解放军工兵学校时，有一次学校组织在操场上看电影，五弟把眼镜拿下来以后，直接就把它掰断了。大家感觉有点奇怪，就叫来医生，这时才发现他也有抑郁症。当时，五弟吃了药恢复了许多，但有时候还是会发病。毕业以后，五弟被分到部队当志愿军，做的是

孟执中（右）与弟弟孟建中（左）在天安门前合影留念

工兵，负责架桥梁、挖地雷，也到过朝鲜。但因为有这个病史，不适合在部队长时间任职，后来就让他转业了。那时五弟刚刚结婚，考虑到他家在长沙，部队安排他在长沙铁路局当科员。但五弟属于狂躁和忧郁交替的双向型，发作时还动手打人或是敲坏东西。五弟还自杀过一次，把自己手腕的血管割断了，幸亏抢救及时，救了回来。后来问五弟为什么要这样做，五弟说觉得活着没意思，做不了什么贡献，反而给家里添麻烦。

大姐的大女儿也有抑郁症，但是比较轻，表现为不敢出屋，不敢与别人交流。孟执中两次到合肥都去看她，鼓励她努力克服病魔。

二哥的儿子，在中科大少年班上完研究生后，去加拿大攻读博士。后来搞旅游业，开了饭店，专门负责接待中国游客，还办理了加拿大移民。在那里，他已经是个知名人士了。但2013年年初，他突发抑郁症，而且是双向型病症，也非常痛苦。

家族病史同样困扰着孟执中，但他一直很坚强，一边坚持治疗，一边告诉晚辈，不要害怕，要相信科学技术的快速发展一定会战胜病魔。

5. 父母，我们的骄傲

孟执中的长子孟锦宏在谈到自己的父亲时，总是用两个字概括，那就是“骄

2006年，孟执中夫妇与儿孙们在一起

傲”。在孟锦宏的印象中，父母搞航天是非常光荣的，也是非常不容易的事情。孟锦宏从小在中国长大，直到读完研究生才去美国，现在已人到中年了。孟锦宏尝试着做过很多事情，搞技术、搞管理，他觉得做一件具体的事情，比如搞项目，相对来讲比较容易，而搞卫星这么大的一个系统工程确实很不容易。尤其是卫星在天上，你碰也碰不到，看也看不见，能够让卫星在天上运行这么长时间，确实是件很不容易的事情。

孟锦宏美国的同事都知道他的父母是从事航天事业的，会经常对他说，你父母搞卫星确实是非常令人感到钦佩的。作为子女，他也确实觉得无比的自豪。当然也感谢国家能花这么大的投资研制气象卫星，父亲一辈子能与他的团队做成这样一件事，一定感到很欣慰。

孟锦宏夫妇育有三个健康可爱的子女：长女孟笙寒，1993 年生，次女孟箫晴，1997 年生，儿子孟笛远，2003 年生。迄今，孟箫晴和孟笛远仍在中小学读书，唯长女笙寒已成人。

在对儿女的教育中，孟锦宏更能体会父母对自己潜移默化的教导。父母对

祖孙三代合影

他和弟弟的影响就是努力学习、努力工作。他们从来没有逼过他和弟弟学习，但他和弟弟孟志宏读书都比较自觉，弟弟学习也很好。所以，现在孟锦宏在教育自己的孩子时，也有这种意识，不会整天说要学这个或学那个，也不会经常督促，孩子们都比较自觉。在美国，孟锦宏工作很努力，也是很希望自己的小孩能看见父母的勤劳，让孩子们也努力学习，做对社会有用的人。

孟锦宏的女儿孟笙寒，在学校学习从来不要父母操心，孟锦宏夫妇也注重让她自己去选择学习方式。她作为家里的长女，有很强的责任感，觉得自己要好好给弟妹妹做榜样。她在学校是一名优秀学生。2011 年她高中毕业，取得 SAT 考试满分，获美国高中毕业生 National Merit 奖，获哈佛大学、普林斯顿大学、斯坦福大学、宾夕法尼亚大学沃顿商学院、加利福尼亚大学伯克利分校、加利福尼亚大学洛杉矶分校等美国常春藤顶级名校的录取通知书，现为哈佛大学学生。孟锦宏觉得，作为父亲自己是很满意孩子的，就像当年自己的父母看到自己成长那样。

6. 孙辈眼中慈祥的爷爷

孟笙寒童年时，孟执中夫妇俩曾多次赴美看望儿子一家，为抚养和教育年幼的孙女付出了不少心血。孟笙寒现在还记得爷爷教她背乘法口诀。那时孟笙寒还很小，爷爷来美国看他们的时候，用了比较好的方法教她背，最终孟笙寒背得非常流利。孟笙寒长大后，不仅学习成绩优异，并且多才多艺，分别在写作、演讲、声乐以及钢琴演奏和作曲方面显露出才华。16 岁的孟笙寒作为高中生，就写作并出版了自传体文集《Outstanding: Growing Up Asian by Cynthia Meng》。

孟执中在繁忙的工作中总是不忘抽出时间，通过电话联系，关心孩子们在美国的生活和学习情况，并总是谆谆教导孩子们虽然身在外国，仍要热爱自己的祖国，不忘报效自己的祖国。孟箫晴一直记住爷爷的话，要热爱自己的祖国。

2015年暑假回沪期间，她每周为社区小朋友辅导英语，非常热心公益活动。

人在两地，心系一处，一家人相处总是和睦而温馨，彼此谦让。长辈常为晚辈多加考虑，晚辈也尽力孝敬长辈。

2012年的感恩节，远在美国的孟锦宏带着儿子孟笛远归国来看望父母。长孙笛远一见爷爷，就亲切地搂着爷爷，悄悄话说个没完，并要爷爷带他去上海儿童博物馆。

第二天，孟执中带着两个孙子，三代人一同去了上海儿童博物馆。博物馆坐落在宋庆龄陵园附近，靠近虹桥路，且有一定规模，有点像儿童乐园。当时，博物馆中展示的都是与航天有关的题材，实际上是宇航学会协办的。孟执中的大孙子一直生活在美国，所以这次是第一次去。小孙子因为生活在国内，孟执中带他来过十来次了，所以小家伙已经能为堂哥做向导了。孩子们在馆里看得

孟执中孙女参观上海航天科技展示馆

2013年，孟执中夫妇与儿子、儿媳及两个孙子在一起

很尽兴。

孟执中一家还去了上海动物园、环球中心和金茂大厦。晚上，孟执中带大孙子看灯火，大孙子兴致勃勃，还照了很多照片。最后一天，他们又去了上海科技馆。

很快，孩子的感恩节假期要结束了，孟执中和夫人把他们送到机场。第二天早晨，孟执中一起床，视频电话就来了。大孙子亲切地叫着："爷爷我到美国了，现在刚刚进家门，爷爷，谢谢您带我玩儿了那么多的地方。您什么时候来美国，我也要带您看很多地方，爷爷，您一定要来呀！"

大孙女就要大学毕业了，想请爷爷见证她戴学士帽的那一刻。是啊，孟执中很久没有去美国看他的宝贝孙女孙子了，他的心中时刻装着的还是天上的那些宝贝卫星。

2013年8月，在太原卫星发射中心，孟执中夫妇的身影又出现在那里，为保驾风云三号C星发射再添一份力。9月23日11时，当风云三号C星发射成功、顺利升空时，夫妇俩激动得热泪盈眶。

相伴几十年，卫星成了他们人生不可分割的一部分，卫星事业是孟执中终身相伴的事业。他十分钟爱这份事业，并愿与之为伴，直到永远。

孟执中大事年表

1934 年

12月16日，生于浙江杭州。

1940 年 6 岁

9月，就读于贵阳市小学。.

1941 年 7 岁

9月，就读于湖北建始中心小学。

1945 年 11 岁

11月，就读于湖北省汉口市立第八小学。

1946 年 12 岁

9月，就读于湖北省汉口市建华中学。

1949 年 15 岁

9月，就读于湖北省武昌市省立武昌中学。

1950 年 16 岁

9月，就读于湖北省汉口市立第一男子中学。

1952 年 18 岁

9月，就读于武汉大学工学院电机系电讯专业。

1953 年 19 岁

9月，就读于华南工学院电讯系。

1956 年 22 岁

9月，中国科学院自动化所，实习研究员。

1958 年 24 岁

5 月，北京俄语学院留苏预备部，学员。

12 月，苏联科学院自动学、远动学研究所，工程师。

1960 年 26 岁

10 月，北京外国语学院留学部，学员。

11 月，中国科学院自动化所，实习研究员。

1962 年 28 岁

5 月，中国科学院自动化所，助理研究员。

1968 年 34 岁

4 月，中国人民解放军 8120 部队第六作战技术处第五研究室，技术负责人。

1969 年 35 岁

12 月，上海汽轮机厂 701 车间，组长。

1974 年 40 岁

10 月，上海汽轮机厂 701 车间，副主任。

1977 年 43 岁

“701”卫星总体获上海市重大科技成果奖。

1978 年 44 岁

3 月，上海华银机器厂，副厂长兼总工程师。

1979 年 45 岁

被评为上海市劳动模范。

1980 年 46 岁

长空一号卫星控制方案获国防科学技术三等奖。

被评为第七机械工业部劳动模范。

1982 年 48 岁

被评为上海市劳动模范。

7 月，航空航天工业部五院 509 所，所长。

1983 年 49 岁

风云一号卫星型号总设计师。

1988 年 54 岁

获国防科技事业突出贡献奖。

1991 年 57 岁

获航空航天工业部通令嘉奖。

获国务院政府特殊津贴。

1992 年 58 岁

风云一号卫星热控技术方案获航空航天工业部二等奖。

风云一号 B 星飞轮磁控制系统方案获航空航天工业部一等奖。

1993 年 59 岁

风云一号 B 星飞轮磁控制系统及卫星抢救技术获国家重大科技成果二等奖。

获航天奖。

4 月，航空航天工业部五院科技委，常委兼型号总师。

12 月，上海航天技术研究院科技委，副主任、型号总设计师、研究员。

1996 年 62 岁

获中国航天基金荣誉奖。

2000 年 66 岁

获“全国先进工作者”称号。

风云一号 C 气象卫星获国防科学技术进步奖一等奖。

风云一号 B 星卫星抗辐射加固技术获国防科学技术进步奖二等奖。

风云一号B星姿态控制系统获上海市科技进步奖一等奖。

2001年 67岁

风云一号C气象卫星获国家科技进步奖一等奖。

2002年 68岁

获何梁何利基金科学与技术进步奖。

中国航天科技集团公司科学技术委员会顾问。

2003年 69岁

12月，当选中国工程院院士。

2006年 72岁

3月，上海航天技术研究院技术顾问、型号总设计师。

2007年 73岁

4月，风云三号卫星工程副总设计师。

2012年 78岁

中国航天科技集团公司科学技术委员会顾问。

后 记

在写这部《孟执中院士传记》之前，我从来没有想到过会结缘院士传记。因为一本传记不但同一地方同一时代的人可以看到，而且不同地区不同时代的人也可以看到，特别是从事航天事业并取得辉煌成就的院士的传记。所以写《孟执中院士传记》在我心中一直是件神圣的事。

从第一次采访孟院士起，孟院士稍有时间，便会给我讲述他的故事，似乎穿越了时空隧道，当年的航天青年为了成就一番事业，所经历的喜怒哀乐，无奇不有。有时讲了一半，孟院士有事离开，只好暂停。对我来说，这些事都是神秘而遥远的，也深深地吸引了我。

我略加思索，列了写作提纲，根据提纲把每次采访录音整理出来，稍做改动，形成文字。但文稿出来一看，我却感觉忍俊不禁。我突然大悟，传记是源于生活，并高于生活的。于是，我随孟院士两次到他的老家浙江诸暨十二都村。在那里我了解到，孟执中作为孟子后裔第75代孙，深受“南孟文化”的熏陶，祖辈一直秉承的“耕读传家”，对童年的孟执中影响很大。

由于传记涉及面广，时间跨度大，因此写起来有一定难度，这是我当初动笔时没有估量到的。由于不是专职写作，有时工作一忙或去基地一待数月，我的构思常常会中断，甚至停笔数月，只能利用一些碎片时间，断断续续地写下去。

为了写好这部传记，我查阅了许多相关的资料，也借鉴了一些书籍。我还多次去卫星研制单位召开座谈会，走访一些老航天人的家庭和孟院士的亲朋好友了解情况，甚至在孟院士手术住院期间，我每周都去看望，顺便进行采访。在此基础上，我不断修正初稿，将孟执中和一大批航天人在艰苦的创业时期，在新型号的攻关时刻，在一个个特定环境下努力工作的事迹和无私奉献的精神，

——展现在传记中。

今天，当我把这部传记呈献给大家时，我终于可以宽慰地松一口气了。但是，由于我主观上对客观事物认识的局限性与片面性，传记中出现缺陷与错误是难免的，这些，均有待于大家的指正。

在此我要感谢孟院士对我写作的指导和帮助。孟院士既平易近人，又非常严谨。他经常找一些资料给我看，让我在对情况有基本的了解后再接着写。有时他还亲自动笔修改。同事们风趣地说我是孟院士的“关门弟子”，我想我真的很幸运。

最后，感谢八院院办秘书处尹延凯、宋为民、蒋锋、王卫、周剑雄和八院党群部陈沁，他们给予我很多的支持，精心协调安排，使我能顺利地完成各类采访工作和资料图片的收集工作。同时也要感谢孟万成、巫致中、施金苗、王介康、林玉坤、沈琮、高火山、吕利清、陈兆云、谢红军和刘思燕等专家和同事为我提供素材和接受采访。

陈伟霞

2015年7月1日